合同类法律法规学习读本
合同管理法律法规

曾 朝 主编

加大全民普法力度，建设社会主义法治文化，树立宪法法律至上、法律面前人人平等的法治理念。

——中国共产党第十九次全国代表大会《决胜全面建成小康社会 夺取新时代中国特色社会主义伟大胜利》

汕头大学出版社

图书在版编目（CIP）数据

合同管理法律法规 / 曾朝主编. -- 汕头：汕头大学出版社，2023.4（重印）

（合同类法律法规学习读本）

ISBN 978-7-5658-3319-9

Ⅰ.①合… Ⅱ.①曾… Ⅲ.①合同法-中国-学习参考资料 Ⅳ.①D923.64

中国版本图书馆 CIP 数据核字（2018）第 000671 号

合同管理法律法规　　HETONG GUANLI FALÜ FAGUI

主　　编：曾　朝
责任编辑：汪艳蕾
责任技编：黄东生
封面设计：大华文苑
出版发行：汕头大学出版社
　　　　　广东省汕头市大学路 243 号汕头大学校园内　邮政编码：515063
电　　话：0754-82904613
印　　刷：三河市元兴印务有限公司
开　　本：690mm×960mm 1/16
印　　张：18
字　　数：226 千字
版　　次：2018 年 1 月第 1 版
印　　次：2023 年 4 月第 2 次印刷
定　　价：59.60 元（全 2 册）

ISBN 978-7-5658-3319-9

版权所有，翻版必究
如发现印装质量问题，请与承印厂联系退换

前　言

习近平总书记指出："推进全民守法，必须着力增强全民法治观念。要坚持把全民普法和守法作为依法治国的长期基础性工作，采取有力措施加强法制宣传教育。要坚持法治教育从娃娃抓起，把法治教育纳入国民教育体系和精神文明创建内容，由易到难、循序渐进不断增强青少年的规则意识。要健全公民和组织守法信用记录，完善守法诚信褒奖机制和违法失信行为惩戒机制，形成守法光荣、违法可耻的社会氛围，使遵法守法成为全体人民共同追求和自觉行动。"

中共中央、国务院曾经转发了中央宣传部、司法部关于在公民中开展法治宣传教育的规划，并发出通知，要求各地区各部门结合实际认真贯彻执行。通知指出，全民普法和守法是依法治国的长期基础性工作。深入开展法治宣传教育，是全面建成小康社会和新农村的重要保障。

普法规划指出：各地区各部门要根据实际需要，从不同群体的特点出发，因地制宜开展有特色的法治宣传教育坚持集中法治宣传教育与经常性法治宣传教育相结合，深化法律进机关、进乡村、进社区、进学校、进企业、进单位的"法律六进"主题活动，完善工作标准，建立长效机制。

特别是农业、农村和农民问题，始终是关系党和人民事业发展的全局性和根本性问题。党中央、国务院发布的《关于推进社会主义新农村建设的若干意见》中明确提出要"加强农村法制建设，深入开展农村普法教育，增强农民的法制观念，提高农民依法行使权利和履行义务的自觉性。"多年普法实践证明，普及法律知识，提高法制观念，增强全社会依法办事意识具有重要作用。特别是在广大农村进行普法教育，是提高全民法律素质的需要。

多年来，我国在农村实行的改革开放取得了极大成功，农村发生了翻天覆地的变化，广大农民生活水平大大得到了提高。但是，由于历史和社会等原因，现阶段我国一些地区农民文化素质还不高，不学法、不懂法、不守法现象虽然较原来有所改变，但仍有相当一部分群众的法制观念仍很淡化，不懂、不愿借助法律来保护自身权益，这就极易受到不法的侵害，或极易进行违法犯罪活动，严重阻碍了全面建成小康社会和新农村步伐。

为此，根据党和政府的指示精神以及普法规划，特别是根据广大农村农民的现状，在有关部门和专家的指导下，特别编辑了这套《全国普法学习读本》。主要包括了广大人民群众应知应懂、实际实用的法律法规。为了辅导学习，附录还收入了相应法律法规的条例准则、实施细则、解读解答、案例分析等；同时为了突出法律法规的实际实用特点，兼顾地方性和特殊性，附录还收入了部分某些地方性法律法规以及非法律法规的政策文件、管理制度、应用表格等内容，拓展了本书的知识范围，使法律法规更"接地气"，便于读者学习掌握和实际应用。

在众多法律法规中，我们通过甄别，淘汰了废止的，精选了最新的、权威的和全面的。但有部分法律法规有些条款不适应当下情况了，却没有颁布新的，我们又不能擅自改动，只得保留原有条款，但附录却有相应的补充修改意见或通知等。众多法律法规根据不同内容和受众特点，经过归类组合，优化配套。整套普法读本非常全面系统，具有很强的学习性、实用性和指导性，非常适合用于广大农村和城乡普法学习教育与实践指导。总之，是全国全民普法的良好读本。

目 录

最新合同管理政策办法

合同违法行为监督处理办法 …………………………………（1）
技术合同认定登记管理办法 …………………………………（5）
财政部关于规范政府和社会资本合作合同管理工作的通知 …（11）
卫生部关于进一步加强经济合同管理工作的通知……………（15）
技术进出口合同登记管理办法 ………………………………（17）
专利实施许可合同备案办法 …………………………………（21）
烟叶种植收购合同管理暂行办法 ……………………………（26）
关于加强市场监管和公共服务保障煤炭中长期合同
　履行的意见 …………………………………………………（34）
关于对国家队运动员商业活动试行合同管理的通知…………（39）

合同能源管理财政奖励资金管理暂行办法

第一章　总　　则………………………………………………（50）
第二章　支持对象和范围………………………………………（50）
第三章　支持条件………………………………………………（51）
第四章　支持方式和奖励标准…………………………………（52）
第五章　资金申请和拨付………………………………………（52）
第六章　监督管理及处罚………………………………………（53）
第七章　附　　则………………………………………………（54）

国家制定推行的部分合同示范文本

工商总局关于制定推行合同示范文本工作的指导意见……（55）
机动车驾驶培训先学后付、计时收费模式服务合同
　　（示范文本）……………………………………………（60）
国家邮政局、国家工商行政管理总局关于印发《快递行业
　　特许经营（加盟）合同》（示范文本）的通知…………（72）
国家安全监管总局、国家工商总局、公安部关于印发
　　烟花爆竹安全买卖合同（示范文本）的通知 …………（83）
中国福利彩票代销合同示范文本……………………………（85）
住房城乡建设部、工商总局关于印发《商品房买卖合同
　　示范文本》的通知………………………………………（101）
工商总局关于印发《柜台租赁经营合同
　　（示范文本）》的通知……………………………………（102）
国家林业局、国家工商行政管理总局关于印发集体林地承包和
　　集体林权流转合同示范文本的通知 ……………………（103）
人事部办公厅关于印发《事业单位聘用合同
　　（范本）》的通知…………………………………………（124）
国家能源局关于印发《天然气购销合同
　　（标准文本）》的通知……………………………………（125）

最新合同管理政策办法

合同违法行为监督处理办法

国家工商行政管理总局令

第 51 号

《合同违法行为监督处理办法》已经中华人民共和国国家工商行政管理总局局务会审议通过,现予公布,自2010年11月13日起施行。

国家工商行政管理总局局长　周伯华

二〇一〇年十月十三日

第一条　为了维护市场经济秩序,保护国家利益、社会公共利益和当事人合法权益,依据《中华人民共和国合同法》和有关法律法规的规定,制定本办法。

第二条 本办法所称合同违法行为，是指自然人、法人、其他组织利用合同，以牟取非法利益为目的，违反法律法规及本办法的行为。

第三条 当事人订立、履行合同，应当遵守法律、行政法规，尊重社会公德，不得扰乱社会经济秩序，损害国家利益、社会公共利益。

第四条 各级工商行政管理机关在职权范围内，依照有关法律法规及本办法的规定，负责监督处理合同违法行为。

第五条 各级工商行政管理机关依法监督处理合同违法行为，实行查处与引导相结合，处罚与教育相结合，推行行政指导，督促、引导当事人依法订立、履行合同，维护国家利益、社会公共利益。

第六条 当事人不得利用合同实施下列欺诈行为：

（一）伪造合同；

（二）虚构合同主体资格或者盗用、冒用他人名义订立合同；

（三）虚构合同标的或者虚构货源、销售渠道诱人订立、履行合同；

（四）发布或者利用虚假信息，诱人订立合同；

（五）隐瞒重要事实，诱骗对方当事人做出错误的意思表示订立合同，或者诱骗对方当事人履行合同；

（六）没有实际履行能力，以先履行小额合同或者部分履行合同的方法，诱骗对方当事人订立、履行合同；

（七）恶意设置事实上不能履行的条款，造成对方当事人无法履行合同；

（八）编造虚假理由中止（终止）合同，骗取财物；

（九）提供虚假担保；

（十）采用其他欺诈手段订立、履行合同。

第七条 当事人不得利用合同实施下列危害国家利益、社会公共利益的行为：

（一）以贿赂、胁迫等手段订立、履行合同，损害国家利益、社会公共利益；

（二）以恶意串通手段订立、履行合同，损害国家利益、社会公共利益；

（三）非法买卖国家禁止或者限制买卖的财物；

（四）没有正当理由，不履行国家指令性合同义务；

（五）其他危害国家利益、社会公共利益的合同违法行为。

第八条 任何单位和个人不得在知道或者应当知道的情况下，为他人实施本办法第六条、第七条规定的违法行为，提供证明、执照、印章、账户及其他便利条件。

第九条 经营者与消费者采用格式条款订立合同的，经营者不得在格式条款中免除自己的下列责任：

（一）造成消费者人身伤害的责任；

（二）因故意或者重大过失造成消费者财产损失的责任；

（三）对提供的商品或者服务依法应当承担的保证责任；

（四）因违约依法应当承担的违约责任；

（五）依法应当承担的其他责任。

第十条 经营者与消费者采用格式条款订立合同的，经营者不得在格式条款中加重消费者下列责任：

（一）违约金或者损害赔偿金超过法定数额或者合理数额；

（二）承担应当由格式条款提供方承担的经营风险责任；

（三）其他依照法律法规不应由消费者承担的责任。

第十一条　经营者与消费者采用格式条款订立合同的，经营者不得在格式条款中排除消费者下列权利：

（一）依法变更或者解除合同的权利；

（二）请求支付违约金的权利；

（三）请求损害赔偿的权利；

（四）解释格式条款的权利；

（五）就格式条款争议提起诉讼的权利；

（六）消费者依法应当享有的其他权利。

第十二条　当事人违反本办法第六条、第七条、第八条、第九条、第十条、第十一条规定，法律法规已有规定的，从其规定；法律法规没有规定的，工商行政管理机关视其情节轻重，分别给予警告，处以违法所得额三倍以下，但最高不超过三万元的罚款，没有违法所得的，处以一万元以下的罚款。

第十三条　当事人合同违法行为轻微并及时纠正，没有造成危害后果的，应当依法不予行政处罚；主动消除或者减轻危害后果的，应当依法从轻或者减轻行政处罚；经督促、引导，能够主动改正或者及时中止合同违法行为的，可以依法从轻行政处罚。

第十四条　违反本办法规定涉嫌犯罪的，工商行政管理机关应当按照有关规定，移交司法机关追究其刑事责任。

第十五条　本办法由国家工商行政管理总局负责解释。

第十六条　本办法自2010年11月13日起施行。

技术合同认定登记管理办法

科技部 财政部 国家税务总局
关于印发《技术合同认定登记管理办法》的通知
国科发政字〔2000〕63号

各省、自治区、直辖市、计划单列市科委、财政厅（局）、国家税务局、地方税务局，新疆生产建设兵团，国务院各部委、各直属机构：

为了贯彻落实《中共中央、国务院关于加强技术创新，发展高科技，实现产业化的决定》精神，加速科技成果转化，保障国家有关促进科技成果转化政策的实施，加强技术市场管理，科技部、财政部和国家税务总局共同制定了《技术合同认定登记管理办法》，现印发给你们，请遵照执行。1990年7月6日原国家科委发布的《技术合同认定登记管理办法》同时废止。

科学技术部
财政部
国家税务总局
2000年2月16日

第一条 为了规范技术合同认定登记工作，加强技术市场管理，保障国家有关促进科技成果转化政策的贯彻落实，制定本办法。

第二条 本办法适用于法人、个人和其他组织依法订立的技术开发合同、技术转让合同、技术咨询合同和技术服务合同的认定登记工作。

法人、个人和其他组织依法订立的技术培训合同、技术中介合同，可以参照本办法规定申请认定登记。

第三条 科学技术部管理全国技术合同认定登记工作。

省、自治区、直辖市和计划单列市科学技术行政部门管理本行政区划的技术合同认定记工作。地、市、区、县科学技术行政部门设技术合同登记机构，具体负责办理技术合同的认定登记工作。

第四条 省、自治区、直辖市和计划单列市科学技术行政部门及技术合同登记机构，应当通过技术合同的认定登记，加强对技术市场和科技成果转化工作的指导、管理和服务，并进行相关的技术市场统计和分析工作。

第五条 法人和其他组织按照国家有关规定，根据所订立的技术合同，从技术开发、技术转让、技术咨询和技术服务的净收入中提取一定比例作为奖励和报酬，给予职务技术成果完成人和为成果转化做出重要贡献人员的，应当申请对相关的技术合同进行认定登记，并依照有关规定提取奖金和报酬。

第六条 未申请认定登记和未予登记的技术合同，不得享受国家对有关促进科技成果转化规定的税收、信贷和奖励等方面的优惠政策。

第七条 经认定登记的技术合同，当事人可以持认定登记证明，向主管税务机关提出申请，经审核批准后，享受国家规定的税收优惠政策。

第八条 技术合同认定登记实行按地域一次登记制度。技术开发合同的研究开发人、技术转让合同的让与人、技术咨询和技术服务合同的受托人,以及技术培训合同的培训人、技术中介合同的中介人,应当在合同成立后向所在地区的技术合同登记机构提出认定登记申请。

第九条 当事人申请技术合同认定登记,应当向技术合同登记机构提交完整的书面合同文本和相关附件。合同文本可以采用由科学技术部监制的技术合同示范文本;采用其他书面合同文本的,应当符合《中华人民共和国合同法》的有关规定。

采用口头形式订立技术合同的,技术合同登记机构不予受理。

第十条 技术合同登记机构应当对当事人提交申请认定登记的合同文本及相关附件进行审查,认为合同内容不完整或者有关附件不齐全的,应当以书面形式要求当事人在规定的时间内补正。

第十一条 申请认定登记的合同应当根据《中华人民共和国合同法》的规定,使用技术开发、技术转让、技术咨询、技术服务等规范名称,完整准确地表达合同内容。使用其他名称或者所表述内容在认定合同性质上引起混乱的,技术合同登记机构应当退回当事人补正。

第十二条 技术合同的认定登记,以当事人提交的合同文本和有关材料为依据,以国家有关法律、法规和政策为准绳。当事人应当在合同中明确相互权利与义务关系,如实反映技术交易的实际情况。当事人在合同文本中作虚假表示,骗取技术合同登记证明的,应当对其后果承担责任。

第十三条 技术合同登记机构对当事人所提交的合同文本和有关材料进行审查和认定。其主要事项是：

（一）是否属于技术合同；

（二）分类登记；

（三）核定技术性收入。

第十四条 技术合同登记机构应当自受理认定登记申请之日起30日内完成认定登记事项。

技术合同登记机构对认定符合登记条件的合同，应当分类登记和存档，向当事人发给技术合同登记证明，并载明经核定的技术性收入额。对认定为非技术合同或者不符合登记条件的合同，应当不予登记，并在合同文本上注明"未予登记"字样，退还当事人。

第十五条 申请认定登记的合同，涉及国家安全或者重大利益需要保密的，技术合同登记机构应当采取措施保守国家秘密。

当事人在合同中约定了保密义务的，技术合同登记机构应当保守有关技术秘密，维护当事人的合法权益。

第十六条 当事人对技术合同登记机构的认定结论有异议的，可以按照《中华人民共和国行政复议法》的规定申请行政复议。

第十七条 财政、税务等机关在审核享受有关优惠政策的申请时，认为技术合同登记机构的认定有误的，可以要求原技术合同登记机构重新认定。财政、税务等机关对重新认定的技术合同仍认为认定有误的，可以按国家有关规定对当事人享受相关优惠政策的申请不予审批。

第十八条 经技术合同登记机构认定登记的合同，当事人协商一致变更、转让或者解除，以及被有关机关撤销、宣布无效时，应当向原技术合同登记机构办理变更登记或者注销登记手续。变更登记的，应当重新核定技术性收入；注销登记的，应当及时通知有关财政、税务机关。

第十九条 省、自治区、直辖市和计划单列市科学技术行政部门应当加强对技术合同登记机构和登记人员的管理，建立健全技术合同登记岗位责任制，加强对技术合同登记人员的业务培训和考核，保证技术合同登记人员的工作质量和效率。

技术合同登记机构进行技术合同认定登记工作所需经费，按国家有关规定执行。

第二十条 对于订立假技术合同或者以弄虚作假、采取欺骗手段取得技术合同登记证明的，由省、自治区、直辖市和计划单列市科学技术行政部门会同有关部门予以查处。涉及偷税的，由税务机关依法处理；违反国家财务制度的，由财政部门依法处理。

第二十一条 技术合同登记机构在认定登记工作中，发现当事人有利用合同危害国家利益、社会公共利益的违法行为的，应当及时通知省、自治区、直辖市和计划单列市科学技术行政部门进行监督处理。

第二十二条 省、自治区、直辖市和计划单列市科学技术行政部门发现技术合同登记机构管理混乱、统计失实、违规登记的，应当通报批评、责令限期整顿，并可给予直接责任人员行政处分。

第二十三条 技术合同登记机构违反本办法第十五条规定，

泄露国家秘密的,按照国家有关规定追究其负责人和直接责任人员的法律责任;泄露技术合同约定的技术秘密,给当事人造成损失的,应当承担相应的法律责任。

第二十四条 本办法自发布之日起施行。1990年7月6日原国家科学技术委员会发布的《技术合同认定登记管理办法》同时废止。

财政部关于规范政府和社会资本合作合同管理工作的通知

财金〔2014〕156号

各省、自治区、直辖市、计划单列市财政厅（局），新疆生产建设兵团财务局：

根据《关于推广运用政府和社会资本合作模式有关问题的通知》（财金〔2014〕76号）和《关于印发政府和社会资本合作模式操作指南（试行）的通知》（财金〔2014〕113号），为科学规范推广运用政府和社会资本合作（Public-Private Partnership，以下简称PPP）模式，现就规范PPP合同管理工作通知如下：

一、高度重视PPP合同管理工作

PPP模式是在基础设施和公共服务领域政府和社会资本基于合同建立的一种合作关系。"按合同办事"不仅是PPP模式的精神实质，也是依法治国、依法行政的内在要求。加强对PPP合同的起草、谈判、履行、变更、解除、转让、终止直至失效的全过程管理，通过合同正确表达意愿、合理分配风险、妥善履行义务、有效主张权利，是政府和社会资本长期友好合作的重要基础，也是PPP项目顺利实施的重要保障。地方财政部门在推进PPP中要高度重视、充分认识合同管理的重要意义，会同行业主管部门加强PPP合同管理工作。

二、切实遵循PPP合同管理的核心原则

为规范PPP合同管理工作，财政部制定了《PPP项目合同指南（试行）》（见附件），后续还将研究制定标准化合同文本等。各级财政部门在推进PPP工作中，要切实遵循以下原则：

（一）依法治理。在依法治国、依法行政的框架下，充分发挥市场在资源配置中的决定性作用，允许政府和社会资本依法自由选择合作伙伴，充分尊重双方在合同订立和履行过程中的契约自由，依法保护PPP项目各参与方的合法权益，共同维护法律权威和公平正义。

（二）平等合作。在PPP模式下，政府与社会资本是基于PPP项目合同的平等法律主体，双方法律地位平等、权利义务对等，应在充分协商、互利互惠的基础上订立合同，并依法平等地主张合同权利、履行合同义务。

（三）维护公益。建立履约管理、行政监管和社会监督"三位一体"的监管架构，优先保障公共安全和公共利益。PPP项目合同中除应规定社会资本方的绩效监测和质量控制等义务外，还应保证政府方合理的监督权和介入权，以加强对社会资本的履约管理。与此同时，政府还应依法严格履行行政管理职能，建立健全及时有效的项目信息公开和公众监督机制。

（四）诚实守信。政府和社会资本应在PPP项目合同中明确界定双方在项目融资、建设、运营、移交等全生命周期内的权利义务，并在合同管理的全过程中真实表达意思表示，认真恪守合同约定，妥善履行合同义务，依法承担违约责任。

（五）公平效率。在PPP项目合同中要始终贯彻物有所值原则，在风险分担和利益分配方面兼顾公平与效率：既要通过在政府和社会资本之间合理分配项目风险，实现公共服务供给效率和资金使用效益的提升，又要在设置合作期限、方式和投资回报机制时，统筹考虑社会资本方的合理收益预期、政府方的财政承受能力以及使用者的支付能力，防止任何一方因此过分受损或超额获益。

（六）兼顾灵活。鉴于PPP项目的生命周期通常较长，在合同订立时既要充分考虑项目全生命周期内的实际需求，保证合同内容的完整性和相对稳定性，也要合理设置一些关于期限变更（展期和提前终止）、内容变更（产出标准调整、价格调整等）、主体变更（合同转让）的灵活调整机制，为未来可能长达20-30年的合同执行期预留调整和变更空间。

三、有效推进PPP合同管理工作

（一）加强组织协调，保障合同效力。在推进PPP的过程中，各级财政部门要会同行业主管部门做好合同审核和履约管理工作，确保合同内容真实反映各方意愿、合理分配项目风险、明确划分各方义务、有效保障合法权益，为PPP项目的顺利实施和全生命周期管理提供合法有效的合同依据。

（二）加强能力建设，防控项目风险。各级财政部门要组织加强对当地政府及相关部门、社会资本以及PPP项目其他参与方的法律和合同管理培训，使各方牢固树立法律意识和契约观念，逐步提升各参与方对PPP项目合同的精神主旨、核心内容和谈判要点的理解把握能力。在合同管理全过程中，要充分借助、积极运用法律、投资、财务、保险等专业咨询顾问机构的力量，提升PPP项目合同的科学性、规范性和操作性，充分识别、合理防控项目风险。

（三）总结项目经验，规范合同条款。各级财政部门要会同行业主管部门结合PPP项目试点工作，抓好合同管理的贯彻落实，不断细化、完善合同条款，及时总结经验，逐步形成一批科学合理、全面规范、切实可行的合同文本，以供参考示范。财政部将在总结各地实践的基础上，逐步出台主要行业领域和主要运作方式的PPP项目合同标准示范文本，以进一步规范合同内容、统一合同共识、缩短合同准备和谈判周期，加快PPP模式推广应用。

附件：PPP项目合同指南（试行）（略）

财政部

2014年12月30日

卫生部关于进一步加强经济合同管理工作的通知

卫规财发〔2010〕89号

部属（管）各单位：

经济合同是本单位与外部发生经济业务往来的重要依据，经济合同管理已成为单位内部管理的一项重要内容。为进一步加强和规范经济合同管理工作，维护单位合法权益，促进单位健康发展，根据《中华人民共和国合同法》、《中华人民共和国审计法》、《卫生系统内部审计工作规定》等有关法律法规，结合卫生工作实际，现将有关事项通知如下：

一、建立健全经济合同管理制度

经济合同种类繁多，涉及领域广泛，管理部门较多。各单位应当结合本单位工作实际，建立职责明确、科学规范的经济合同管理制度，明确相关管理部门职责、分工与权限，规范合同签订程序，加强合同签订归口管理工作，严禁不具备法人主体资格的部门直接或假借法人名义对外签订经济合同，以维护单位合法权益，确保对外签订的经济合同真实、规范、合法。

二、建立经济合同事前控制制度

各单位应当提高风险防范意识，建立经济合同事前控制制度。对外签订的经济合同由经办部门拟定后，要经过相关业务部门（包括医务、科教、器材、总务、基建、审计、财务、资产管理、纪检、监察等）的审核，重大经济合同要经法律顾问把关；属于单位重大经济事项，应当经单位领导班子集体讨论并形成一致意见后，由法定代表人签订合同或法定代表人书面授权相关人员代为签订合同，形成科学的决策机制。

三、审核经济合同的重点内容

经济合同审核的重点内容包括：经济合同的资金保障；经济合同的签订依据；经济合同相对人履行合同的资质和能力；经济合同形式是否符合法律法规规定；经济合同内容和条款是否齐全、准确，是否有利于合同执行和维护双方合法权益；经济合同双方权利与义务是否合理、平等；经济合同标的的数量、质量、价款、履约方式、合同期限以及支付方式是否明确、恰当；违约责任、解决争议的方法是否明确等。

四、加强经济合同执行过程的监管

各单位对已签订的经济合同，应当开展定期或不定期的检查工作。检查有关部门是否按照合同约定执行，对合同执行中发现的问题，要及时提出解决办法；对需要单位支付款项的经济合同应当加强执行进度情况的检查；对形成单位收入的经济合同应当加强业务部门与财务部门的核对工作；对需要现场跟踪才能确定工作量和实物量的经济业务，应当进行全过程监督检查，确保经济合同的履行。

五、完善经济合同的归口管理

各单位应当明确经济合同归口管理部门，由其负责对所有签订的合同统一编号，统一加盖印章，并进行归档管理。合同执行部门对已经签订的合同要及时向归口管理部门备案。

六、建立责任追究制度

各单位应当建立责任追究制度，对未按单位有关规定执行的、应当报送相关部门审核而未报送审核的、未经单位领导批准私自更改或签订经济合同的相关人员，应当追究责任。

技术进出口合同登记管理办法

中华人民共和国商务部令

2009 年第 3 号

根据《中华人民共和国技术进出口管理条例》，现公布修订后的《技术进出口合同登记管理办法》，自公布之日起 30 日后施行。《技术进出口合同登记管理办法》（原对外贸易经济合作部 2001 年第 17 号令）同时废止。

商务部部长

二〇〇九年二月一日

第一条 为规范自由进出口技术的管理，建立技术进出口信息管理制度，促进我国技术进出口的发展，根据《中华人民共和国技术进出口管理条例》，特制定本办法。

第二条 技术进出口合同包括专利权转让合同、专利申请权转让合同、专利实施许可合同、技术秘密许可合同、技术服务合同和含有技术进出口的其他合同。

第三条 商务主管部门是技术进出口合同的登记管理部门。

自由进出口技术合同自依法成立时生效。

第四条 商务部负责对《政府核准的投资项目目录》和政府投资项目中由国务院或国务院投资主管部门核准或审批的项目项下的技术进口合同进行登记管理。

第五条 各省、自治区、直辖市和计划单列市商务主管部门负责对本办法第四条以外的自由进出口技术合同进行登记管理。中央管理企业的自由进出口技术合同,按属地原则到各省、自治区、直辖市和计划单列市商务主管部门办理登记。

各省、自治区、直辖市和计划单列市商务主管部门可授权下一级商务主管部门对自由进出口技术合同进行登记管理。

第六条 技术进出口经营者应在合同生效后60天内办理合同登记手续,支付方式为提成的合同除外。

第七条 支付方式为提成的合同,技术进出口经营者应在首次提成基准金额形成后60天内,履行合同登记手续,并在以后每次提成基准金额形成后,办理合同变更手续。

技术进出口经营者在办理登记和变更手续时,应提供提成基准金额的相关证明文件。

第八条 国家对自由进出口技术合同实行网上在线登记管理。技术进出口经营者应登陆商务部政府网站上的"技术进出口合同信息管理系统"(网址:jsjckqy.fwmys.mofcom.gov.cn)进行合同登记,并持技术进(出)口合同登记申请书、技术进(出)口合同副本(包括中文译本)和签约双方法律地位的证明文件,到商务主管部门履行登记手续。商务主管部门在收到上述文件起3个工作日内,对合同登记内容进行核对,并向技术进出口经营者颁发《技术进口合同登记证》或《技术出口合同登记证》。

第九条 对申请文件不符合《中华人民共和国技术进出口管理条例》第十八条、第四十条规定要求或登记记录与合同内容不一致的,商务主管部门应当在收到申请文件的3个工作日内通知技术进出口经营者补正、修改,并在收到补正的申请文件起3个工作日内，对合同登记的内容进行核对，颁发《技术进口合同登记证》或《技术出口合同登记证》。

第十条　自由进出口技术合同登记的主要内容为：

（一）合同号

（二）合同名称

（三）技术供方

（四）技术受方

（五）技术使用方

（六）合同概况

（七）合同金额

（八）支付方式

（九）合同有效期

第十一条　国家对自由进出口技术合同号实行标准代码管理。技术进出口经营者编制技术进出口合同号应符合下述规则：

（一）合同号总长度为17位。

（二）前9位为固定号：第1—2位表示制合同的年份（年代后2位）、第3—4位表示进口或出口国别地区（国标2位代码）、第5—6位表示进出口企业所在地区（国标2位代码）、第7位表示技术进出口合同标识（进口Y，出口E）、第8—9位表示进出口技术的行业分类（国标2位代码）。后8位为企业自定义。例：01USBJE01CNTIC001。

第十二条　已登记的自由进出口技术合同若变更本办法第十条规定合同登记内容的，技术进出口经营者应当办理合同登记变更手续。

办理合同变更手续时，技术进出口经营者应登录"技术进出口合同信息管理系统",填写合同数据变更记录表,持合同变更协议和合同数据变更记录表,到商务主管部门办理手续。商务主管部门自收到完备的变更申请材料之日起3日内办理合同变更手续。

按本办法第七条办理变更手续的,应持变更申请和合同数据变更记录表办理。

第十三条 经登记的自由进出口技术合同在执行过程中因故中止或解除,技术进出口经营者应当持技术进出口合同登记证等材料及时向商务主管部门备案。

第十四条 技术进出口合同登记证遗失,进出口经营者应公开挂失。凭挂失证明、补办申请和相关部门证明到商务主管部门办理补发手续。

第十五条 各级商务主管部门应加强对技术进出口合同登记管理部门和人员的管理,建立健全合同登记岗位责任制,加强业务培训和考核。

第十六条 中外合资、中外合作和外资企业成立时作为资本入股并作为合资章程附件的技术进口合同按外商投资企业有关法律规定办理相关手续。

第十七条 商务部负责对全国技术进出口情况进行统计并定期发布统计数据。各级商务主管部门负责对本行政区域内的技术进出口情况进行统计。

第十八条 本办法自公布之日起30日后施行。2002年1月1日起施行的《技术进出口合同登记管理办法》(对外贸易经济合作部2001年第17号令)同时废止。

专利实施许可合同备案办法

国家知识产权局
关于《专利实施许可合同备案办法》的公告
第六十二号

《专利实施许可合同备案办法》已经局务会议审议通过，现予公布，自2011年8月1日起施行。

国家知识产权局局长
二〇一一年六月二十七日

第一条 为了切实保护专利权，规范专利实施许可行为，促进专利权的运用，根据《中华人民共和国专利法》、《中华人民共和国合同法》和相关法律法规，制定本办法。

第二条 国家知识产权局负责全国专利实施许可合同的备案工作。

第三条 专利实施许可的许可人应当是合法的专利权人或者其他权利人。

以共有的专利权订立专利实施许可合同的，除全体共有人另有约定或者《中华人民共和国专利法》另有规定的外，应当取得其他共有人的同意。

第四条 申请备案的专利实施许可合同应当以书面形式订立。订立专利实施许可合同可以使用国家知识产权局统一制订的合同范本；采用其他合同文本的，应当符合《中华人民共和国合同法》的规定。

第五条 当事人应当自专利实施许可合同生效之日起 3 个月内办理备案手续。

第六条 在中国没有经常居所或者营业所的外国人、外国企业或者外国其他组织办理备案相关手续的，应当委托依法设立的专利代理机构办理。

中国单位或者个人办理备案相关手续的，可以委托依法设立的专利代理机构办理。

第七条 当事人可以通过邮寄、直接送交或者国家知识产权局规定的其他方式办理专利实施许可合同备案相关手续。

第八条 申请专利实施许可合同备案的，应当提交下列文件：

（一）许可人或者其委托的专利代理机构签字或者盖章的专利实施许可合同备案申请表；

（二）专利实施许可合同；

（三）双方当事人的身份证明；

（四）委托专利代理机构的，注明委托权限的委托书；

（五）其他需要提供的材料。

第九条 当事人提交的专利实施许可合同应当包括以下内容：

（一）当事人的姓名或者名称、地址；

（二）专利权项数以及每项专利权的名称、专利号、申请日、授权公告日；

（三）实施许可的种类和期限。

第十条 除身份证明外，当事人提交的其他各种文件应当使用中文。身份证明是外文的,当事人应当附送中文译文;未附送的,视为未提交。

第十一条 国家知识产权局自收到备案申请之日起7个工作日内进行审查并决定是否予以备案。

第十二条 备案申请经审查合格的,国家知识产权局应当向当事人出具《专利实施许可合同备案证明》。

备案申请有下列情形之一的,不予备案,并向当事人发送《专利实施许可合同不予备案通知书》:

(一)专利权已经终止或者被宣告无效的;

(二)许可人不是专利登记簿记载的专利权人或者有权授予许可的其他权利人的;

(三)专利实施许可合同不符合本办法第九条规定的;

(四)实施许可的期限超过专利权有效期的;

(五)共有专利权人违反法律规定或者约定订立专利实施许可合同的;

(六)专利权处于年费缴纳滞纳期的;

(七)因专利权的归属发生纠纷或者人民法院裁定对专利权采取保全措施,专利权的有关程序被中止的;

(八)同一专利实施许可合同重复申请备案的;

(九)专利权被质押的,但经质权人同意的除外;

(十)与已经备案的专利实施许可合同冲突的;

(十一)其他不应当予以备案的情形。

第十三条 专利实施许可合同备案后,国家知识产权局发现备案申请存在本办法第十二条第二款所列情形并且尚未消除的,应当撤销专利实施许可合同备案,并向当事人发出《撤销专利实施许可合同备案通知书》。

第十四条 专利实施许可合同备案的有关内容由国家知识产权局在专利登记簿上登记,并在专利公报上公告以下内容:许可人、被许可人、主分类号、专利号、申请日、授权公告日、实施许可的种类和期限、备案日期。

专利实施许可合同备案后变更、注销以及撤销的,国家知识产权局予以相应登记和公告。

第十五条 国家知识产权局建立专利实施许可合同备案数据库。公众可以查询专利实施许可合同备案的法律状态。

第十六条 当事人延长实施许可的期限的,应当在原实施许可的期限届满前2个月内,持变更协议、备案证明和其他有关文件向国家知识产权局办理备案变更手续。

变更专利实施许可合同其他内容的,参照前款规定办理。

第十七条 实施许可的期限届满或者提前解除专利实施许可合同的,当事人应当在期限届满或者订立解除协议后30日内持备案证明、解除协议和其他有关文件向国家知识产权局办理备案注销手续。

第十八条 经备案的专利实施许可合同涉及的专利权被宣告无效或者在期限届满前终止的,当事人应当及时办理备案注销手续。

第十九条 经备案的专利实施许可合同的种类、期限、许可使用费计算方法或者数额等,可以作为管理专利工作的部门对侵权赔偿数额进行调解的参照。

第二十条 当事人以专利申请实施许可合同申请备案的,参照本办法执行。

申请备案时，专利申请被驳回、撤回或者视为撤回的，不予备案。

第二十一条 当事人以专利申请实施许可合同申请备案的，专利申请被批准授予专利权后，当事人应当及时将专利申请实施许可合同名称及有关条款作相应变更；专利申请被驳回、撤回或者视为撤回的，当事人应当及时办理备案注销手续。

第二十二条 本办法自 2011 年 8 月 1 日起施行。2001 年 12 月 17 日国家知识产权局令第十八号发布的《专利实施许可合同备案管理办法》同时废止。

烟叶种植收购合同管理暂行办法

国家烟草专卖局关于印发
《烟叶种植收购合同管理暂行办法》的通知

福建、广东、广西、山东、湖南、湖北、河南、陕西、云南、贵州、四川、重庆、黑龙江、安徽、辽宁、江西、吉林、内蒙古、河北、山西、宁夏、新疆、甘肃省（区、市）烟草专卖局（公司），浙江中烟工业公司：

　　为提升烟叶种植收购合同管理水平，提高烟叶种植收购过程控制能力，进一步规范烟叶生产经营秩序，切实做到以合同为主线组织烟叶种植收购工作，确保烟叶国家计划落实和烟叶生产规模稳定，现将《烟叶种植收购合同管理暂行办法》印发给你们，请认真贯彻执行。

二〇〇七年一月十二日

第一章　总　则

　　第一条　为规范烟叶种植收购合同（以下简称合同）管理，维护国家利益和烟农利益，依据《中华人民共和国烟草专卖法》与《中华人民共和国烟草专卖法实施条例》、《中华人民共和国合同法》以及《财政部　国家发展改革委关于规范烟叶生产投入补贴若干问题的意见》的有关规定，制定本办法。

第二条 合同是烟草公司与种植烟叶（指生产烟草制品所需的烤烟和名晾晒烟，包括白肋烟和香料烟，下同）的农户签订的、明确双方权利义务的书面形式合同。合同须经双方盖章或签字后方能生效。

第三条 本办法适用于合同签订与履行全过程的管理与监督。

第二章 合同签订的依据、原则与程序

第四条 合同签订依据。

国家发展和改革委员会下达年度烟叶收购计划（以下简称国家计划），国家烟草专卖局以正式文件形式将国家计划转发到各省级烟草公司。

1. 省、地市、县级烟草公司要严格按照国家计划，以正式文件形式逐级分解落实烟叶收购计划，安排指导性种植面积。

2. 地市级烟草公司（或被授权的县级烟草公司）在上级烟草公司分解的国家计划和安排的指导性种植面积总量内，与符合条件的种烟农户户主签订合同。

第五条 合同签订原则。地市级烟草公司（或被授权的县级烟草公司）为合同甲方，种烟农户为合同乙方，双方本着平等、自愿的原则协商签订合同。

第六条 合同签订程序。

1. 农户申请。种烟农户需向地市级烟草公司（或被授权的县级烟草公司）提出种烟申请，填写《种烟农户基本情况登记表》。《种烟农户基本情况登记表》由地市级烟草公司统一印制。

2. 资格审核。地市级烟草公司（或被授权的县级烟草公司）要认真核实申请种烟农户的土地条件、基础设施、技术水平及往

年合同履约率等基本情况，建立种烟农户基础信息档案。

3. 签订合同。地市级烟草公司（或被授权的县级烟草公司）与通过资格审核的种烟农户签订合同，约定烟叶收购数量、种植面积及种植株数。

4. 建立档案。地市级烟草公司（或被授权的县级烟草公司）要将合同录入烟叶信息管理基础软件，建立合同档案。合同档案内容要包括户主姓名、身份证号、合同编码、IC卡号、种植面积、种植株数、收购数量、生产投入补贴标准等信息。

第三章 合同格式、编码与主要内容

第七条 合同格式。国家烟草专卖局统一制定合同式样（见附件1、附件2），省级烟草公司（或地市级烟草公司）统一组织印制本辖区合同。

第八条 合同编码。国家烟草专卖局统一制定合同编码规则，合同编码共15位，格式为：

（年度编码4位）+（省级编码2位）+（地市级编码2位）+（县级编码2位）+（流水号编码5位）。

省级编码号、地市级编码号、县级编码号执行《烟草行业组织机构代码编制规则》（YC/T190—2005），年际间不变；流水号在县级烟草公司范围内统一编码，按签订合同的顺序从00001开始，上限为99999。

合同签订时要保证合同编码号的连续性。未签与错签的合同编码号要统一注销。

第九条 合同主要内容。

1. 收购数量。根据上级烟草公司分解的当年收购计划及种烟农户条件，确定每个种烟农户的烟叶收购数量（其中包括出口备货数量）。

2. 指导性种植面积、种植株数。按照约定的收购数量和实际单产水平确定。

3. 种植品种。根据客户需求，从全国或省级烟草品种审定委员会审定的品种资源中确定。

4. 种烟地块所属基本烟田编号。根据基本烟田规划，按国家烟草专卖局确定的基本烟田编码规则对烟田进行编号。

5. 调制设施编号及其容量。根据基础设施建设规划，按国家烟草专卖局确定的烟叶基础设施编码规则对在用调制设施进行编号。

6. 收购烟叶的烟叶工作站名称及收购时间。约定种烟农户交售烟叶的烟叶工作站名称和交售时间。

7. 收购价格。执行国家发展改革委会同国家烟草专卖局制订的当年烟叶收购价格。

8. 烟叶生产投入补贴政策。省级烟草公司根据国家烟草专卖局的批复，制订具体补贴项目、补贴标准。地市级烟草公司根据省级烟草公司有关规定和本辖区烟叶生产实际情况，确定生产投入补贴兑现时间、兑现方式。

第十条 双方责任。

1. 甲方责任：向乙方有偿（或无偿）供应烟叶生产物资；兑现本年度烟叶生产投入补贴政策；提供生产技术培训和技术咨询服务；执行国家烟叶标准和收购价格，按合同收购烟叶；以现金方式、委托金融部门付款或电子结算方式支付乙方烟叶货款。

2. 乙方责任：按技术方案要求使用烟叶生产物资；按技术方

案要求进行农事操作；按技术指导进行烟叶分级；按照约定的时间、地点、等级和数量向甲方出售烟叶，不跨站交售烟叶，不倒买倒卖烟叶，不转借合同或 IC 卡。

第十一条 违约责任。

1. 甲方未履行合同规定的相关条款，乙方有权如实向上一级烟草专卖局举报。甲方是地市级烟草公司，合同中要公布省级烟草专卖局举报电话；甲方是地市级烟草公司授权的县级烟草公司，合同中要公布地市级烟草专卖局举报电话。

2. 甲方不履行合同，要视后果适当赔偿乙方经济损失。

3. 乙方不履行合同，要返还甲方提供的本年度烟叶生产投入补贴物资或资金。

4. 乙方无正当理由，连续两年违约弃种，甲方将不再与之签订合同。

第四章 合同的管理与监督

第十二条 计划管理。烟叶产区各级烟草公司要严格逐级分解国家计划，不得以任何理由超计划安排。在合同签订之前，各级烟草公司必须逐级上报本单位分解国家计划的正式文件。

第十三条 合同管理。

1. 合同约定的烟叶收购总量不得突破上级烟草公司分解到本辖区的国家计划。要根据种烟农户实际单产水平约定种植面积，对合同履约情况进行评价并视考核结果对烟农给予差异化生产投入补贴。要建立完整的合同档案，合同签订与执行情况通过烟叶信息管理基础软件报上级烟草公司。

2. 地市级和县级烟草公司要切实加强合同监管，通过烟叶信息管理基础软件等手段，及时监控本辖区合同签订与执行质量，把加强合同监督检查作为行业内部管理监督工作的一项重要内容，突出过程控制，不断提高合同管理水平。

3. 烟草专卖、整顿办、烟叶等部门要加强合同的监督，在育苗、移栽、收购等环节，组成联合检查组对合同签订质量、执行情况进行专项检查，制止无计划、超计划签订合同以及先种后签、多种少签、少种多签合同等现象。

4. 合同签订时间。各产区合同签订必须在每年烟叶移栽开始前全面完成。

5. 合同签订之前，地市级、县级烟草公司要认真做好各项准备工作，与种烟农户充分协商沟通，确定种植面积和收购数量。合同一经签订，不得调整。

6. 合同解除。如确因不可抗力（如严重自然灾害等）造成烟叶绝收，甲乙双方可协商解除合同，收回种烟农户的合同文本，同时在烟叶信息管理基础软件中予以剔除。

第十四条 生产管理。

1. 以合同为主线，加强生产过程管理。严格按照国家计划和实际单产水平引导种烟农户预留烟地；严格按合同向种烟农户供应种子和其他生产物资；严格按合同组织育苗、移栽，杜绝无合同、超合同移栽；烟地预留、种子等物资采购供应以及育苗、移栽等基础数据要逐级上报。

2. 产区各级烟草公司要切实加强烟叶生产过程控制能力建设，加强辖区内烟叶生产过程监管，采取综合措施，及时发现并解决问题。

第十五条 收购管理。

1. 推行烟叶收购预检制，按合同进行预检，未经预检的烟叶不予收购。

2. 严格按合同收购，严禁超计划、无合同收购烟叶。确因丰产造成烟叶产量超出当年收购计划的，要推迟到下年度1月1日后收购并抵减下年度计划。

3. 按照工作流程组织好烟叶收购工作。产区各级烟草公司要加强烟叶收购过程监管，通过烟叶信息管理基础软件，监控本辖区烟叶收购量与国家收购计划完成进度情况，及时发现并解决问题。

第十六条 加强监督。在合同签订和烟叶收购结束后，烟叶工作站张榜公布所有种烟农户合同约定面积、约定收购量以及实际交售数量，接受社会监督。

第五章 罚 则

第十七条 凡出现以下问题的单位，国家烟草专卖局将给予通报批评并按有关纪律要求，对直接责任人、分管领导和主要领导进行严肃处理；违反《中华人民共和国烟草专卖法》及《中华人民共和国烟草专卖法实施条例》的，依法追究法律责任。

1. 没有严格按照国家计划分解计划；没有分解国家计划的正式文件。

2. 超出国家计划签订合同；签订虚假合同；强迫农民签订合同。

3. 没有建立合同管理档案，或合同管理档案内容虚假；没有建立烟叶生产各环节的检查制度和考核档案。

4. 因工作不得力造成超计划移栽、无计划移栽、超合同移栽、无合同移栽。

5. 超计划收购烟叶、无计划收购烟叶、超合同收购烟叶、无合同收购烟叶。

第六章 附 则

第十八条 本办法自发布之日起施行。

第十九条 本办法由国家烟草专卖局负责解释。

关于加强市场监管和公共服务保障煤炭中长期合同履行的意见

国家发展改革委 国务院国资委印发
《关于加强市场监管和公共服务 保障煤炭
中长期合同履行的意见》的通知
发改运行〔2016〕2502号

各省、自治区、直辖市发展改革委、经信委（工信委、工信厅）、物价局、煤炭厅（局、办）、交通运输厅（委）、中国煤炭工业协会、中国电力企业联合会、中国钢铁工业协会、中国价格协会，有关企业：

为认真贯彻落实党中央、国务院关于供给侧结构性改革决策部署，促进煤炭及相关行业平稳健康发展，积极推进煤炭中长期购销合同的签订和履行，国家发展改革委、国务院国资委会同交通运输部、国家能源局、中国铁路总公司、国家电网公司、南方电网公司研究制定了《关于加强市场监管和公共服务 保障煤炭中长期合同履行的意见》。现印发你们，请结合实际，认真落实。

国家发展改革委
国务院国资委
2016年11月30日

为认真落实党中央、国务院供给侧结构性改革重大决策部署，促进煤炭及相关行业平稳健康发展，积极推进煤炭中长期购销合同（以下简称中长期合同）的签订和履行，特制定以下意见：

一、充分认识煤炭中长期合同的重大意义。中长期合同是指买卖双方约定期限在一年及以上的单笔数量在20万吨以上的厂矿企业签订的合同。签订中长期合同是煤炭供需双方建立长期、稳定、诚信、高效合作关系的重要基础，对于保障煤炭稳定供应和价格平稳，促进相关行业健康发展和经济平稳运行都具有十分重要的意义。合同的签订和履行，有利于上下游企业生产组织，实现平稳有序运行；有利于稳定市场预期，减少供需波动；有利于优化运力配置，减少运输资源浪费；有利于降低企业和社会成本，提高整体经济效益。煤炭产运需企业要强化诚信意识和法治观念，积极主动签约，认真履行合同。地方相关部门要进一步提高认识，将保障合同履行作为经济运行调节的一项重要工作，精心安排，及时协调，优化服务，切实抓实抓好。

二、遵循市场经济规律，尊重企业市场主体地位。充分发挥市场在资源配置中的决定性作用，各地区有关部门要最大限度减少对微观事务的干预，重点强化服务和协调，充分尊重和发挥企业的市场主体地位，不得直接干预企业签订合同，不得干扰合同履行，不得实行地方保护。

三、完善合同条款和履约保障机制，提高中长期合同比重。煤炭企业依据核准（核定）的生产能力、参考实际煤炭发运量，用户企业依据实际需要，自主衔接签订合同。合同条款应当规范完整，包括数量、质量、价格、履行期限地点和方式、违约责任，以及解决争议方法等内容。鼓励支持更多煤炭供需企业遵循市场经济规律,签订更高比例中长期合同。大型煤炭、电力、钢铁企业要发挥示范和表率作用。

四、完善价格形成机制,促进价格平稳有序。充分发挥市场作用,供需企业双方可在合理确定基础价格的基础上,引入规范科学、双方认可的价格指数作参考,规范确定实际结算价格,基础价格和与市场变动的挂钩机制可按合理的合同周期适时进行调整。有关部门指导和完善指数发布机制,做到方法科学、数据真实、代表性强,确保指数合理反映市场变动的真实情况。

五、严格履行企业主体责任,提高合同履约率。

供需双方在签订中长期合同时,要充分考虑到煤炭销售和铁路运输的合理区域半径,切实提高合同执行保障程度。鼓励支持大型煤炭企业与电力、冶金企业签订中长期合同。对具备运输条件的中长期合同,铁路、港航企业与供需双方签订运输合同。产运需企业要妥善解决好合同履行中出现的数量、质量、价格等问题。如遇重大问题,无法解决的,按程序向有关部门和单位报告。

六、建立健全合同履约考核评价。国家发展改革委、国资委会同有关部门和单位对合同履行情况实行分月统计、按季考核。适时召集煤炭产运需企业,了解合同履行情况,协调解决重大问题。对诚实守信、认真履约的企业要纳入诚信记录,对履行不力甚至恶意违约的企业纳入不良信用记录并视情况公开通报。在合同履行中,因市场等情况变化确需变更合同条款,由双方协商确定,如达不成一致,由国家发展改革委会同有关部门和单位协调解决。省级经济运行调节部门参照执行。

七、强化激励和保障,营造有利于合同履行的良好环境。各有关部门和运输、电网等单位,加强条件保障和服务,通过给予运力优先保障、优先释放储备产能、优化发电权使用与中长期合同比重挂钩等措施，鼓励企业提高中长期合同在煤炭交易中的比重，为合同履行创造良好的外部条件。

（一）优先保障资源和运力。根据供需双方签定的中长期合同，铁路、港航企业要根据运输条件进一步做好运力衔接，根据衔接确认的运力，在日常运输中优先装车、配船，为合同履约创造必要条件。

（二）优先安排释放先进产能。各地在有序释放安全高效先进产能时，对签订中长期合同并诚信履约的企业予以倾斜。

（三）同等条件下优先参与市场交易。对火电企业中，签订中长期合同数量比例高、日常进度兑现好的，在差别电量计划安排上给予倾斜，在电力直接交易等市场化交易中优先准入，给予政策支持。

（四）协调保障非常态情形下的合同履行。因不可抗力因素导致合同不能履行时，各级经济运行调节部门将积极协调临时替代资源或用户，在运力等方面予以重点协调，保障合同难以履行时的生产供应。

八、依法实施价格监管。对相互串通、操纵市场价格，低价倾销排挤竞争对手，捏造、散布涨价信息，囤积居奇、哄抬价格，推动价格过高过快上涨等违法行为，要依照《价格法》严肃查处。对达成实施垄断协议固定、变更价格，滥用市场支配地位以不公平高价销售煤炭或者以不公平低价购买煤炭等违法行为，要依照《反垄断法》严肃查处。鼓励和支持签订中长期合同的用户企业组成价格自律机构，对履约过程中出现的价格问题，及时向有关部门反映、举报，提出建议。

九、加强主体信用建设，实施守信联合激励和失信联合惩戒。煤炭产运需企业要牢固树立法律意识、契约意识和信用意识，合同一经签订必须严格履行。国家发展改革委会同有关方面支持第三方征信机构，研究中长期合同履行信用记录管理办法，定期公布合同履行情况，实施守信联合激励和失信联合惩戒。对有效履行合同的守信企业，在有关优惠政策上给予倾斜；对不履行合同的企业，纳入失信企业预警名单，情节严重的纳入失信企业黑名单，在企业相关项目核准审批、运力调整、价格监管和信用约束等方面，包括对企业法定代表人（负责人）实施守信联合激励和失信联合惩戒。

十、强化经营业绩考核。国资委将中央煤炭、电力等企业履行长期合作协议的情况纳入企业经营业绩考核范围，对于未有效履行协议的企业，将在经营业绩考核中予以剔除。地方有关部门参照上述做法，以适当方式对相关企业进行考核。

十一、充分发挥行业协会协调服务和行业自律作用。充分发挥煤炭、电力、钢铁、价格等行业协会的作用，积极引导企业签订中长期合同，加强行业自律，增强企业诚信意识，促进供需双方依法履行合同。中国煤炭工业协会要加强与煤炭生产企业和用煤企业沟通，认真做好中长期合同的收集、梳理和汇总工作。

十二、进一步完善社会监督机制。广泛建立并完善社会监督网络，鼓励公众积极参与对中长期合同履行情况的监督，不断扩大监督的参与面。加强宣传引导，树立一批守信践约、自觉接受社会监督的典型。

关于对国家队运动员商业活动试行合同管理的通知

体政字〔2006〕78号

有关司、局、有关直属单位：

随着我国体育事业、体育产业的快速发展和体育运动水平的不断提高，我国运动员在体育赛事中取得了优异的成绩，产生了越来越大的社会影响，国家队运动员的商业活动也日益增多，这对开发体育无形资产、实现运动员自身价值、筹集体育发展资金、促进体育事业发展发挥了重要作用。在社会主义市场经济条件下，国家队运动员的管理面临着新的环境，如何加强对运动员商业活动的引导和管理，也面临一些新的问题。这些问题如果不能及时有效地解决，将会影响运动队正常的训练比赛活动，对国家队管理造成严重干扰。为进一步加强对运动员商业活动的管理和引导，确保正常的训练竞赛秩序，切实保障国家、集体和运动员个人的权益，现就国家队运动员商业活动合同管理事宜通知如下。

一、运动员商业活动中价值的核心是无形资产，包括运动员的姓名、肖像、名誉、荣誉等。随着我国体育社会化程度的不断提高，体育投资主体多元化、利益多元化的趋势日益明显，但在我国现阶段，发展竞技体育是国家的重要任务，国家投入仍然是竞技体育发展的主要渠道和主要保障。对多数运动项目而言，运动员的无形资产的形成，是国家、集体大力投入、培养和保障的结果，同时也离不开运动员个人的努力。国家队的主要任务是完成训练和比赛任务，为国争光，运动队和运动员的一切行为都应围绕这一核心任务进行。商业开发活动应当服务于项目发展和运动队建设，有利于运动队的教育和管理，不得冲击队伍的正常训练秩序，影响队伍的稳定和发展。要保障国家队训练竞赛任务的顺利完成，同时依法保障运动员的权益。

二、各单位应当根据本项目实际情况和工作需要，与进入国家队的运动员签署相关合同，对国家队运动员商业活动进行管理。要围绕国家队运动员的商业活动，明确约定管理单位与运动员的基本关系及相关权益的处置，明确运动员商业开发活动权利主体、运作主体、运作模式、运作程序、相关权利义务、违约责任等。

各运动项目国家队的管理体制和模式存在较大的差异，在运动员管理模式上也不尽相同。各单位应当在认真遵守有关政策规定的前提下，根据本项目国家队的自身情况，如国家队组织模式、集训时间、队员来源和身份、相关关系等因素，认真研究确定双方在运动员商业活动方面的相互关系，明确权益。

三、各单位在与国家队运动员签订合同的过程中，应当注意以下事项：

（一）实行运动员商业活动的合同管理，要认真遵守国家体育总局有关规章和文件的规定，把握好对国家队运动员商业开发活动的原则要求。国家队运动员的商业活动应当体现积极、健康、向上的精神风貌，不从事与运动员身份不符、破坏运动员公众形象、有损体育精神和违背体育道德的商业活动，特别是应当严格禁止运动员为烟草、酒类产品和企业进行宣传和推广等活动。

（二）对国家队运动员商业开发活动取得的收益，各单位应当兼顾各方利益，根据国家体育总局的规定和项目特点予以确定。在保障运动员个人利益的基础上，体现教练员和其他有功人员、相关管理人员、运动员输送单位等主体的利益，并要考虑到项目的可持续发展。

（三）各单位应当全面了解运动员进入国家队之前已经签署的商业合同情况，妥善处理好各方面关系，避免合同之间的冲突。同时要注意本项目运动员商业开发合同与中国奥委会、国际奥委会的整体开发计划和奥运会等重大赛事运动员商业开发合同的协调。

（四）若运动员离队，即本合同终止或期满，有可能出现与该运动员有关的商业开发协议仍有效的情形。对此问题，各单位应当引起高度重视，在与赞助商或广告商签订具体商业开发协议时，要注意合同期限之间的协调，通过相应条款做出预案。

四、做好落实合同管理制度的相关工作

（一）建立健全规章制度是落实合同管理制度、提高合同管理水平的重要基础。各单位要高度重视规章制度建设，不断总结管理工作中的问题和经验，研究新形势下国家队管理工作的需求，提高管理工作的规范化水平。

（二）各单位实行运动员商业活动合同管理要注意与国家队现行规章制度的衔接，处理好合同管理与中心管理的规章制度、协会章程等管理文件、国家队队规队纪等的关系，不同类型和性质的问题可以利用不同方法和手段分别解决或综合治理。

（三）各单位应当对运动员商业开发事宜统筹考虑，制定管理规范和工作规划，安排专门机构和人员具体负责。要增强合同意识，提高合同订立和执行的水平，提高合同管理的预见性和稳定性。各单位要根据项目特点和自身情况，建立健全法律顾问制度，提高运动员商业活动管理工作的规范化水平。

（四）各单位要加强对国家法律法规、政策及总局规章制度的学习和贯彻，特别要注重合同法规知识的学习，增强法律意识，提高运用法律手段解决问题的能力。

（五）各单位要组织运动员、教练员和管理人员认真学习、宣传合同管理的意义和内容，向运动员讲解合同文本中具体条款的含义，帮助运动员充分了解合同内容，了解自己的权利和义务。在实行合同管理的同时，各单位要进一步加强运动员思想政治工作，教育运动员正确认识和处理国家、集体和个人的关系，增强运动员的祖国培养意识和为国争光意识，牢固树立爱国主义和集体主义观念，全力以赴投入训练和比赛，用优异的成绩回报国家和社会的关心与支持。

五、各单位为项目发展进行的集体商业开发活动，涉及或需要使用国家队运动员个人或集体形象的，可以根据本项目的具体情况，在合同中一并约定。

六、本通知附件的合同参考文本供各单位参考。各单位可以直接使用，也可以根据项目实际情况对参考文本予以变通和补充，形成本单位的合同范本，但不得违背本通知的基本要求和国家体育总局有关文件的精神。各单位对参考文本有重要变通的，在正式启用前应当报总局经济司备案。

七、本通知自公布之日起施行，原国家体委于1996年11月19日发布的《关于加强在役运动员从事广告等经营活动管理的通知》（体计财产字〔1996〕505号）同时废止。国家体育总局此前发布的有关规章及规范性文件内容与本通知不一致的，以本通知为准。

附件：国家队运动员商业开发合同（参考文本）

国家体育总局
二〇〇六年九月六日

附件：国家队运动员商业开发合同
（参考文本）

（说明：本合同文本涉及到三处供选择的条款，在文中均以"选择一"、"选择二"的形式标注；第一，关于签约主体。各单位可以选择以中心或者以协会的名义签订合同；第二，合同第二条第三项。签约双方应在运动员仅以国家队运动员名义的商业开发权属甲方所有，还是以国家队运动员和个人名义的商业开发权均属甲方所有的问题上做出选择；第三，合同第九条。签约时即应对发生争议、协商不成后，是通过仲裁还是诉讼解决争议予以明确。）

甲方：选择一：中国 协会；选择二： 运动项目管理中心（以下称甲方）

法定代表人：

住所：

邮编：

电话：

乙方：（运动员姓名，以下称乙方）

住所：

邮编：

电话：

为维护中国 队的训练比赛秩序，确保国家队任务的圆满完成，规范、有序地做好运动员的商业开发工作，保障甲、乙双方的合法权益，甲、乙双方经平等友好协商，签订如下合同条款，并同意一致遵守。

第一条 定义

（一）本合同所称商业开发是指，因商业目的使用乙方的肖像、姓名、签名及其复制件、声音等以及其他与乙方人格和身份有关的各种标识所进行的商业推广和宣传等活动，包括拍摄广告、制作各种电视节目和录音节目、制作或出版各种图书及音像制品、出席现场活动等。

（二）本合同所称国家队运动员，是指在 项目中国国家队或国家集训队参加训练或比赛的运动员。

第二条 基本认识和约定

（一）双方一致认识到：国家队以及国家队运动员的主要任务是认真完成各项训练竞赛任务，为国家和集体争取荣誉。因此运动员商业开发活动必须有利于训练竞赛任务的完成，有利于运动水平的提高和项目发展，不得影响国家队正常的训练竞赛秩序和运动队管理工作。

（二）运动员商业开发活动应当遵守法律法规、国家体育总局有关规定以及国家队管理制度。甲方应当为乙方商业开发积极提供引导和帮助；乙方应当全力投入训练和比赛。

（三）选择一：在本合同存续期间，乙方以国家队运动员身份的商业开发权归甲方所有。

"国家队运动员身份"是指：直接宣称或表明；穿着国家队队服；使用国家队的有关标志；代表国家队参加各种训练、比赛；代表国家队参加各种公共活动；其他可以使人合理地推断出其为国家队运动员的情形。

选择二：在本合同存续期间，乙方以国家队运动员身份和以个人身份的商业开发权归甲方所有。

"国家队运动员身份"是指：直接宣称或表明；穿着国家队队服；使用国家队的有关标志；代表国家队参加各种训练、比赛；代表国家队参加各种公共活动；其他可以使人合理地推断出其为国家队运动员的情形。

（四）乙方不得从事与运动员身份、体育行业特点或项目特点不相符、有损国家队和运动员形象的商业宣传和推广等活动，不为烟草、酒类产品和企业做宣传推广。甲方也不得安排乙方从事上述活动。

（五）商业开发活动应当遵循中国奥委会及国际奥委会市场开发计划，保证上述计划不受任何其他商业开发活动的影响。

第三条 甲方权利

商业开发收益由甲方统一收取，并根据国家体育总局有关规定，按照双方约定的比例进行分配。

甲、乙双方可就收益分配的具体事宜另行达成书面补充协议。

第四条 甲方义务

（一）甲方保证按照合同约定进行商业开发，并维护乙方的人格尊严、名誉和荣誉；

（二）与乙方有关的商业开发事宜，甲方应当及时将协议内容告知乙方，并通知乙方做好签约准备；

（三）甲方在任何时候均不能向任何人泄露由于签订、履行本合同而知悉的乙方隐私及其个人信息，但为维护乙方合法权益而聘请专业机构和人员参与乙方商业开发事宜的情形，以及法律另有规定的除外。

第五条 乙方权利

（一）乙方有权根据国家体育总局有关规定和双方约定，获取商业开发收益；

（二）乙方有权知悉与自己有关的商业开发协议内容，并提出意见和建议；

（三）在商业开发中，由于甲方原因给乙方形象、名誉、荣誉等造成损害的，乙方有权追究甲方法律责任。

第六条 乙方义务

（一）乙方在签订本合同时，应当如实告知甲方其本人之前已经进行的商业开发活动和相关合同的签署情况。前述商业开发合同与甲方在本合同有效期内安排乙方签订的商业开发合同发生冲突的，乙方应当积极配合甲方，共同与第三方协商解决；

（二）乙方应当根据甲方签约准备通知亲自签订有关商业开发合同，或向甲方提供授权委托书，授权甲方代为签订合同。授权委托书内容由甲、乙双方根据法律规定，另行协商确定；

（三）在本合同有效期内，未经甲方同意，乙方不得自行以任何名义（包括以本人名义）、任何方式，与任何第三方签订商业开发合同、参与任何商业宣传或推广活动；

（四）本合同终止后，乙方不得从事任何与国家队运动员身份有关的商业开发活动；

（五）乙方应当保守因签订、履行本合同而知悉的甲方商业和技术秘密。

第七条　合同期限

本合同期限为_____年___月___日至_____年___月___日止。合同期满后，经双方协商一致可以续签。

第八条　合同解除及违约责任

（一）本合同有效期满后，双方未就续签事宜协商一致的，本合同自动解除；

（二）乙方因其他原因离开或被调离、调整出国家队的，本合同自动解除；

（三）任何一方有违反本合同约定行为的，另一方均可以提出修改或解除本合同，有关问题由双方协商解决。

第九条　争议解决

甲、乙双方一致同意，由于本合同产生的任何争议，包括与合同条款含义及有效性、合同终止、违约责任等有关的争议，首先通过友好协商解决。协商不成的，可以

选择一：提请北京市仲裁委员会进行仲裁；

选择二：提起诉讼。

甲、乙双方一致同意，在协商、仲裁（或诉讼）期间，乙方仍应尽全力进行训练或参加比赛，甲方仍应全力维护乙方的相关利益。

第十条　附则

（一）双方一致同意，本合同约定适用于乙方参与公益活动有关事宜。

（二）未经另一方书面同意，任何一方均不得将本合同涉及的部分或全部权利义务转让给任何第三方。双方有特别约定的情形除外。

（三）本合同未尽事宜，甲、乙双方可以另行协商签订书面补充协议。

（四）本合同的任何修改和变动均应以书面形式进行，否则在任何情况下均无效。甲、乙双方对本合同达成的任何书面修改和变动，均构成本合同不可分割的一部分。

（五）本合同自双方签字之日起生效。合同一式四份，甲、乙双方各执二份，具有同等的法律效力。

甲方：（盖章）

乙方：（签字，未成年人由其监护人或法定代理人签字）

法定代表人：（签字）

签约时间：

签约地点：

合同能源管理财政奖励资金管理暂行办法

财政部 国家发展和改革委员会关于印发
《合同能源管理项目财政奖励资金管理暂行办法》的通知
财建〔2010〕249号

各省、自治区、直辖市、计划单列市财政厅（局）、发展改革委（经委、经信委、经贸委），新疆生产建设兵团财务局、发展改革委：

根据《国务院办公厅转发发展改革委等部门关于加快推行合同能源管理促进节能服务产业发展意见的通知》（国办发〔2010〕25号，中央财政安排奖励资金，支持推行合同能源管理，促进节能服务产业发展。为规范财政资金管理，提高资金使用效益，我们制定了《合同能源管理项目财政奖励资金管理暂行办法》，现印发给你们，请遵照执行。

财政部 国家发展改革委
二〇一〇年六月三日

第一章 总 则

第一条 根据《国务院办公厅转发发展改革委等部门关于加快推行合同能源管理促进节能服务产业发展意见的通知》（国办发〔2010〕25号），中央财政安排资金，对合同能源管理项目给予适当奖励（以下简称"财政奖励资金"）。为规范和加强财政奖励资金管理，提高资金使用效益，特制定本办法。

第二条 本办法所称合同能源管理，是指节能服务公司与用能单位以契约形式约定节能目标，节能服务公司提供必要的服务，用能单位以节能效益支付节能服务公司投入及其合理利润。本办法支持的主要是节能效益分享型合同能源管理。

节能服务公司，是指提供用能状况诊断和节能项目设计、融资、改造、运行管理等服务的专业化公司。

第三条 财政奖励资金由中央财政预算安排，实行公开、公正管理办法，接受社会监督。

第二章 支持对象和范围

第四条 支持对象。财政奖励资金支持的对象是实施节能效益分享型合同能源管理项目的节能服务公司。

第五条 支持范围。财政奖励资金用于支持采用合同能源管理方式实施的工业、建筑、交通等领域以及公共机构节能改造项目。已享受国家其他相关补助政策的合同能源管理项目，不纳入本办法支持范围。

第六条 符合支持条件的节能服务公司实行审核备案、动态管理制度。节能服务公司向公司注册所在地省级节能主管部门提出申请，省级节能主管部门会同财政部门进行初审，汇总上报国家发展改革委、财政部。国家发展改革委会同财政部组织专家评审后，对外公布节能服务公司名单及业务范围。

第三章 支持条件

第七条 申请财政奖励资金的合同能源管理项目须符合下述条件：

（一）节能服务公司投资70%以上，并在合同中约定节能效益分享方式；

（二）单个项目年节能量（指节能能力）在10000吨标准煤以下、100吨标准煤以上（含），其中工业项目年节能量在500吨标准煤以上（含）；

（三）用能计量装置齐备，具备完善的能源统计和管理制度，节能量可计量、可监测、可核查。

第八条 申请财政奖励资金的节能服务公司须符合下述条件：

（一）具有独立法人资格，以节能诊断、设计、改造、运营等节能服务为主营业务，并通过国家发展改革委、财政部审核备案；

（二）注册资金500万元以上（含），具有较强的融资能力；

（三）经营状况和信用记录良好，财务管理制度健全；

（四）拥有匹配的专职技术人员和合同能源管理人才，具有保障项目顺利实施和稳定运行的能力。

第四章 支持方式和奖励标准

第九条 支持方式。财政对合同能源管理项目按年节能量和规定标准给予一次性奖励。奖励资金主要用于合同能源管理项目及节能服务产业发展相关支出。

第十条 奖励标准及负担办法。奖励资金由中央财政和省级财政共同负担，其中：中央财政奖励标准为240元/吨标准煤，省级财政奖励标准不低于60元/吨标准煤。有条件的地方，可视情况适当提高奖励标准。

第十一条 财政部安排一定的工作经费，支持地方有关部门及中央有关单位开展与合同能源管理有关的项目评审、审核备案、监督检查等工作。

第五章 资金申请和拨付

第十二条 财政部会同国家发展改革委综合考虑各地节能潜力、合同能源管理项目实施情况、资金需求以及中央财政预算规模等因素，统筹核定各省（区、市）财政奖励资金年度规模。财政部将中央财政应负担的奖励资金按一定比例下达给地方。

第十三条 合同能源管理项目完工后，节能服务公司向项目所在地省级财政部门、节能主管部门提出财政奖励资金申请。具体申报格式及要求由地方确定。

第十四条 省级节能主管部门会同财政部门组织对申报项目和合同进行审核，并确认项目年节能量。

第十五条 省级财政部门根据审核结果，据实将中央财政奖励资金和省级财政配套奖励资金拨付给节能服务公司，并在季后10日内填制《合同能源管理财政奖励资金安排使用情况季度统计表》（格式见附1），报财政部、国家发展改革委。

第十六条 国家发展改革委会同财政部组织对合同能源管理项目实施情况、节能效果以及合同执行情况等进行检查。

第十七条 每年2月底前，省级财政部门根据上年度本省（区、市）合同能源管理项目实施及节能效果、中央财政奖励资金安排使用及结余、地方财政配套资金等情况，编制《合同能源管理中央财政奖励资金年度清算情况表》（格式见附2），以文件形式上报财政部。

第十八条 财政部结合地方上报和专项检查情况，据实清算财政奖励资金。地方结余的中央财政奖励资金指标结转下一年度安排使用。

第六章 监督管理及处罚

第十九条 财政部会同国家发展改革委组织对地方推行合同能源管理情况及资金使用效益进行综合评价，并将评价结果作为下一年度资金安排的依据之一。

第二十条 地方财政部门、节能主管部门要建立健全监管制度，加强对合同能源管理项目和财政奖励资金使用情况的跟踪、核查和监督，确保财政资金安全有效。

第二十一条 节能服务公司对财政奖励资金申报材料的真实性负责。对弄虚作假、骗取财政奖励资金的节能服务公司，除追缴扣回财政奖励资金外，将取消其财政奖励资金申报资格。

第二十二条　财政奖励资金必须专款专用，任何单位不得以任何理由、任何形式截留、挪用。对违反规定的，按照《财政违法行为处罚处分条例》（国务院令第427号）等有关规定进行处理处分。

第七章　附　则

第二十三条　各地要根据本办法规定和本地实际情况，制定具体实施细则，及时报财政部、国家发展改革委备案。

第二十四条　本办法由财政部会同国家发展改革委负责解释。

第二十五条　本办法自印发之日起实施。

国家制定推行的部分合同示范文本

工商总局关于制定推行合同示范文本工作的指导意见

工商市字〔2015〕178号

各省、自治区、直辖市工商行政管理局、市场监督管理部门：

合同示范文本的制定推行，有利于提升社会合同法律意识，引导规范合同签约履约行为，维护各方当事人权益，矫正不公平格式条款。为规范工商和市场监管部门合同示范文本制定推行工作，提升合同示范文本质量，进一步加大工作力度，根据《合同法》等法律法规，现提出如下意见。

一、总则

（一）概念

本意见所称合同示范文本，是指工商和市场监管部门根据《合同法》及相关法律法规规定，针对特定行业或领域，单独或会同有关行业主管部门制定发布，供当事人在订立合同时参照使用的合同文本。

（二）基本原则

合同示范文本的制定推行工作应遵循以下原则：

1. 合法合规。合同示范文本内容应当符合各项法律法规规定。对于法律法规未作具体规定的，应当符合相关法律原则以及行业惯例。

2. 公平合理。合同示范文本的制定应当持中立立场，对合同当事人的权利义务进行合理分配，确保各方当事人权利义务对等。

3. 尊重意思自治。合同示范文本供当事人参照使用，合同各方具体权利义务由使用人自行约定；使用人可以根据自身情况，对合同示范文本中的有关条款进行修改、补充和完善。

4. 主动公开。制定机关应当主动公开其制定的合同示范文本，供社会各界参照使用。

二、合同示范文本的制定

（三）制定主体

合同示范文本由省级或省级以上工商和市场监管部门单独或会同有关行业主管部门制定。

市级及市级以下工商和市场监管部门可以制定合同范本，在本辖区内推行，供当事人参照使用。省级工商和市场监管部门对上述合同范本审定后，可以以合同示范文本的形式向社会发布。

（四）制定工作的启动

工商和市场监管部门应根据各类市场活动的需求、自身或相关行业主管部门、自律组织的规范管理工作需要，开展合同示范文本制定工作。

（五）合同示范文本的内容

合同示范文本内容，一般应当包括各方当事人的名称或者姓名和住所、标的、数量、质量、价款或者报酬、履行期限、地点和方式、违约责任和解决争议的方法等基本内容。内容应当尽量全面详实，并充分考虑文本适用行业或领域的特殊性。

合同示范文本不宜含有政府有关部门对行业或领域监管要求的内容。

（六）起草程序

合同示范文本的起草一般应经过前期调研论证、文本编写、组织研究讨论、向社会或有关行业公开征求意见等程序，然后形成草案。

上述工作可部分或全部由第三方机构或者相关行业主管部门、行业协会开展。

（七）审定与发布

合同示范文本草案经过审定后，应当以正式文件形式发布，并向社会公开。

（八）文本修订

由于市场经济发展、有关法律法规修订等情形，合同示范文本中有关内容不适宜继续使用的，原发布机关可以对该合同示范文本进行修订。

合同示范文本的修订工作应参照文本制定程序的有关要求开展。

三、合同示范文本的推行和使用

（九）推行工作主体

各级工商和市场监管部门可以依据法律法规规定和自身职责，

推荐相关行业或领域内合同当事人参照使用合同示范文本订立合同。

各级工商和市场监管部门可以联合有关行业主管部门或者行业自律组织，开展合同示范文本的推行工作。

（十）免费提供

工商和市场监管部门可以通过提供电子版下载、印制发放纸质文本等方式向社会免费提供合同示范文本。

（十一）自愿参照使用

合同示范文本供合同当事人自愿参照使用，工商和市场监管部门不得强制要求当事人使用合同示范文本。

（十二）合同条款的解释

当事人参照合同示范文本订立合同的，应充分理解合同中条款的内容，并自行承担合同订立履行所发生的法律后果。

当事人对合同条款理解发生争议时，应按照有关法律法规规定对条款进行解释。工商和市场监管部门不负责对当事人订立的合同内容进行解释。

（十三）推行使用中的问题

各级工商和市场监管部门在合同示范文本推行使用过程中发现文本内容存在问题的，应当及时报告该文本的制定机关。由制定机关适时以适当方式对该问题进行纠正。

（十四）合同示范文本管理

对于合同当事人利用、冒用合同示范文本，实施侵害消费者权益、危害国家利益和社会公共利益等合同违法行为的，各级工商和市场监管部门一经发现，应当按照《合同违法行为监督处理办法》以及其他有关规定进行处理。

长期以来，合同示范文本制定推行工作受到社会各界的普遍欢迎和认可。面对全面推进依法治国和深化改革的新形势、新任务，各地工商和市场监管部门要从建立健全合同行政监管长效机制的高度出发，认真贯彻落实本意见提出的各项要求，结合当地实际，细化工作措施，确保落实到位。

工商总局

2015 年 10 月 30 日

机动车驾驶培训先学后付、计时收费模式服务合同（示范文本）

交通运输部 国家工商行政管理总局关于印发《机动车驾驶培训先学后付、计时收费模式服务合同（示范文本）》的通知

交运发〔2016〕164号

各省、自治区、直辖市、新疆生产建设兵团交通运输厅（局、委）、工商行政管理局（市场监督管理部门）：

为创新机动车驾驶培训服务方式，推行计时培训计时收费、先培训后付费的服务模式，根据《中华人民共和国合同法》《中华人民共和国道路交通安全法》《中华人民共和国道路运输条例》等有关规定，交通运输部、工商总局制定了《机动车驾驶培训先学后付、计时收费模式服务合同（示范文本）》（GF—2016—2002），现予印发，自2016年10月1日起实施。

交通运输部

工商总局

2016年9月12日

机动车驾驶培训先学后付、计时收费模式服务合同

（示范文本）

交通运输部

工商总局　　　制定

二〇一六年九月

使 用 说 明

1. 本合同为示范文本,供学驾人与机动车驾驶培训机构(以下简称培训机构)之间签订机动车驾驶培训先学后付、计时收费模式服务合同时使用。

2. 双方当事人应当结合具体情况选择本合同协议条款中所提供的选择项,空格处应当以文字形式填写完整。

3. 双方当事人可以书面形式对本示范文本内容进行变更或者补充,但变更或者补充的内容,不得减轻或者免除应当由培训机构承担的责任。

4. 本示范文本由交通运输部和工商总局共同制定,在全国范围内推行使用。

机动车驾驶培训先学后付、计时收费模式服务合同

合同编号:

学驾人:

性　　别:　　　　　　　　　联系电话:

身份证号码:

地址(住所):

培训机构:

法定代表人:

委托代理人:　　　　　　　　联系电话:

经营注册地址：

道路运输经营许可证编号：

根据《中华人民共和国合同法》《中华人民共和国道路交通安全法》《中华人民共和国道路运输条例》等相关法律法规和政府管理部门规范行业经营服务行为的管理规定，学驾人、培训机构双方在自愿、平等的基础上，经协商，就机动车驾驶培训相关服务事宜达成如下协议：

第一条 培训机构证照

培训机构须公示经政府管理部门许可其经营机动车驾驶员培训业务的《道路运输经营许可证》等有关证照，为学驾人提供机动车驾驶"先学后付、计时收费"培训服务。

第二条 学驾车型

学驾人选择培训的准驾车型：_____（代号_____）。

第三条 合同有效期

本合同有效期自签订之日起到_____年____月____日止。

第四条 培训内容与学时

依据《机动车驾驶培训教学与考试大纲》（以下简称《大纲》），培训机构提供的培训服务内容与学时：

"道路交通安全法律、法规和相关知识"培训_____学时（其中，课堂教学_____学时，远程网络教学_____学时）；"驾驶模拟"培训_____学时；"基础和场地驾驶"培训_____学时；"道路驾驶"培训_____学时；"安全文明驾驶常识"培训＿＿＿＿学时（其中，课堂教学＿＿＿＿学时，远程网络教学＿＿＿＿学时）。

第五条 培训机构提供的培训服务地址（地点）

课堂教学地点：＿＿＿＿＿＿＿＿＿＿＿＿＿＿＿＿＿＿＿；

远程网络教学网址：＿＿＿＿＿＿＿＿＿＿＿＿＿＿＿：

"驾驶模拟"培训地点：＿＿＿＿＿＿＿＿＿＿＿＿＿＿；

"基础和场地驾驶"培训教练场地：＿＿＿＿＿＿＿＿＿；

"道路驾驶"训练路线、时间（区域）：＿＿＿＿＿＿＿。

第六条 费用与支付方式

1. 学驾人一次性支付"道路交通安全法律、法规和相关知识"、"安全文明驾驶常识"理论知识培训费与教材费、建立档案材料费等共计（大写）＿＿＿＿＿＿＿＿＿＿元。

2. 学驾人每次完成驾驶操作技能培训后，按预约时段学时价格支付培训费用。不同时段的学时单价详见本合同附件（机动车驾驶培训费用构成明细表）。

3. 学驾人 □ 购买／□ 不购买 学车意外保险，费用＿＿＿＿＿元。

4. 培训机构提供以下费用支付方式：

□ 现金；□ 银行卡；□ 其他支付方式＿＿＿＿＿＿＿＿＿。

第七条 培训流程与预约考试学时要求

1. 培训机构应在学驾人支付本合同第六条第一项所述费用起＿＿＿＿个工作日内，为学驾人办理入学手续、建立培训档案、发放培训教材，安排学驾人参加《大纲》第一部分"道路交通安全法律、法规和相关知识"培训。学驾人完成第一部分培训达到＿＿＿＿学时后，自主预约科目一考试。

2. 学驾人取得学习驾驶证明后，培训机构应按学驾人预约日期提供驾驶操作技能培训服务。学驾人完成《大纲》第二部分"基础和场地驾驶"培训达到_____学时后，自主预约科目二场地驾驶技能考试。

3. 学驾人完成《大纲》第三部分"道路驾驶"培训达到_____学时后，自主预约科目三道路驾驶技能考试。学驾人完成《大纲》第四部分"安全文明驾驶常识"培训达到_____学时后，自主预约科目三安全文明驾驶常识考试。

第八条 学驾人的权利

1. 学驾人有权要求培训机构按照《大纲》要求及本合同约定，完成培训服务内容和学时；在驾驶操作技能培训过程中，学驾人可自主预约培训时段、自主选择教练员。

2. 在培训过程中，学驾人若发现培训机构提供的教练车未经检测合格、教练员和管理人员减少培训项目和学时、伪造或篡改培训数据、向学驾人索取、收受财物或牟取其他利益等问题的，有权要求培训机构予以纠正，并可拒付相应时段的培训费用。

3. 学驾人发现培训机构未在交通运输管理部门许可核定的训练场地或未在公安机关交通管理部门指定的路线、时间提供培训服务的，有权要求培训机构予以纠正，并可拒付相应时段的培训费用。

4. 学驾人参加"驾驶模拟、基础和场地驾驶、道路驾驶"培训，可提前____天进行预约。预约方式为：☐ 互联网（网址：_____）、☐ 培训机构经营场所预约窗口、☐ 电话_____、☐ 其他方式_____。

第九条 学驾人的义务

1. 学驾人提供的证件、体检证明及相关信息资料应真实、准确、完整，个人信息如有变化应及时告知培训机构。

2. 学驾人每次参加培训，应办理签到、签退手续。培训结束后，应对本次培训情况进行确认和评价；学驾人每次驾驶操作技能培训结束后，应当场向培训机构支付本次培训费用。当次支付费用经培训机构确认后，学驾人方可预约下一次培训。

3. 学驾人在培训过程中，应严格遵守培训机构的培训规定，在无教练员指导的情况下不得擅自操作教练车。由此造成后果的，学驾人承担相应责任。

4. 学驾人取消预约的，应在预约日期＿＿＿＿天＿＿＿＿时之前通过 □ 互联网（网址：＿＿＿＿＿＿＿＿＿＿）、□ 培训机构经营场所预约窗口、□ 电话＿＿＿＿＿＿、□ 其他方式＿＿＿＿＿按培训机构规定的流程取消预约。

5. 学驾人在怀孕期间或患有妨碍安全驾驶疾病的，不得参加培训。若隐瞒上述情形继续参加培训造成不利后果的，学驾人承担责任。

第十条 培训机构的权利

1. 培训机构可采集学驾人个人相关信息，培训机构采集的学驾人信息仅用于培训服务。

2. 学驾人在培训过程中，未按约定办理签到、签退手续的，培训机构有权要求学驾人补办手续。

3. 学驾人每次完成驾驶操作技能培训，未能支付当次培训费用的（含培训费用未支付成功），培训机构可暂停提供后续培训服务，直至学驾人付费成功。

4. 学驾人未按照培训机构流程预约培训时间和教练员，培训机构有权不予安排培训。

第十一条 培训机构的义务

1. 培训机构应提前将培训服务相关信息告知学驾人；培训机构应公示教练员的基本信息和培训服务质量排行情况供学驾人选择；培训机构提供的教学设施设备应符合国家相关技术标准；培训机构应按本合同第二条约定提供教练车，安排学驾人预约的教练员提供培训服务。

2. 培训机构应采取有效措施加强对学驾人个人信息保护，确保信息安全，防止信息泄露和滥用；如确因培训机构过错导致学驾人个人信息泄露的，应承担相应的法律责任。

3. 培训机构应规范使用机动车驾驶计时培训系统，如实记录学驾人培训过程，并为学驾人建立培训档案；培训机构应对学驾人的培训数据真实性负责；培训机构应为学驾人提供便捷的培训数据查询方式。

4. 学驾人在学习驾驶中有道路交通安全违法行为或造成交通事故的，培训机构承担责任。

5. 学驾人支付培训费用，培训机构应向学驾人开具培训发票；学驾人选择购买学车意外保险的，培训机构应及时投保。

6. 学驾人完成《大纲》规定的培训内容与学时的，培训机构应安排具备结业考核资质的人员对学驾人进行考核。考核合格的，培训机构向学驾人颁发《结业证书》。

第十二条 合同的终止与解除

(1) 有以下情形之一的，本合同终止：

1. 学驾人完成本合同约定的培训服务内容和学时，并取得《结业证书》的；

2. 学驾人学习驾驶证明有效期届满的；

3. 学驾人在学习驾驶证明有效期内，科目二（场地驾驶技能考试）、科目三（道路驾驶技能）第五次考试不合格的；

4. 法律法规规定的其他情形。

（二）有以下情形之一的，学驾人可解除合同：

1. 培训机构工作人员对学驾人的培训学时、数据弄虚作假，经学驾人提出后拒不纠正的；

2. 培训机构未按公示的收费项目、收费标准收取费用，经学驾人提出后拒不纠正的；

3. 培训机构工作人员存在索取、收受学驾人财物或牟取其他利益等不良行为，经学驾人提出后培训机构拒不纠正的；

4. 法律法规规定的其他情形。

（三）有以下情形之一的，培训机构可解除合同：

1. 学驾人存在不得申请《机动车驾驶证》情形的；

2. 学驾人在培训过程中，严重影响教学安全和教学秩序，拒不纠正的；

3. 法律法规规定的其他情形。

（四）解除合同的，培训机构应退回学驾人提交的个人信息资料；未完成理论知识培训的，培训机构应按照学驾人未参加的培训学时，退还相应费用。

第十三条　违约责任

（一）学驾人违约责任

1. 因学驾人提供的证件或信息不真实、不准确、不完整造成后果的，学驾人承担相应责任。

2. 因学驾人迟到、早退等原因造成培训学时不足的，学驾人应按预约学时支付费用，并在后续培训中补足相应学时和费用。

3. 因学驾人原因造成预约成功后不能参加培训的（包括没有成功取消预约的），学驾人应按本次预约培训费用的_____%支付违约金。

（二）培训机构违约责任

1. 因培训机构信息录入错误、设备故障等原因造成后果的，培训机构承担相应责任。

2. 因培训机构人员、设备等原因造成学驾人预约培训学时不足的，培训机构应为学驾人提供培训服务补足学时，并免收相应费用。

3. 因培训机构原因造成学驾人不能按预约时段参加培训的，培训机构应免收该预约时段的培训费用，并向学驾人按本次预约培训费用的_____%（该比率应不小于学驾人违约责任第3项中的比率）支付违约金。

第十四条 争议的解决

本合同在履行过程中发生争议，双方可协商解决。协商未达成一致的，可通过培训机构所在地机动车驾驶员培训行业协会或消费者协会（消费者权益保护委员会）调解，也可选择以下一种方式：

☐ 1. 向_____仲裁委员会申请仲裁。

☐ 2. 向培训机构所在地有管辖权的人民法院提起诉讼。

第十五条 其他约定

1. _____。

2. _____。

3. _____。

4._____。

第十六条 补充协议

本合同有未尽事宜的,双方可另行协商并签订补充协议。本合同补充协议、附件与本合同具有同等法律效力。

第十七条 合同生效、份数

本合同一式____份,学驾人执____份,培训机构执____份,自签订之日起生效。

学驾人签名: 培训机构法定代表人

                               或委托代理人(盖章):

签订日期: 年 月 日   签订日期: 年 月 日

附件

机动车驾驶培训费用构成明细表

序号	项目		收费金额	备注
1	相关服务费用	教材费		
		档案材料费		
		人身意外伤害保险费		由学驾人自愿选择
2	理论知识培训	课堂教学		1. 理论知识教学内容包括："道路交通安全法律、法规和相关知识"和"安全文明驾驶常识"。 2. 课堂教学为____学时（学时单价为____元/学时）；远程网络教学为____学时（学时单价为____元/学时）。
		远程网络教学		
	小计			

序号	项目		学时单价	基本学时	备注
3	"驾驶模拟"培训	普通时段	元/学时		
		高峰时段	元/学时		
		节假日时段	元/学时		
4	"基础和场地驾驶"培训	普通时段	元/学时		1. 普通时段： 2. 高峰时段： 3. 节假日时段：
		高峰时段	元/学时		
		节假日时段	元/学时		
5	"道路驾驶"训练	普通时段	元/学时		
		高峰时段	元/学时		
		节假日时段	元/学时		

国家邮政局、国家工商行政管理总局关于印发《快递行业特许经营（加盟）合同》（示范文本）的通知

国家邮政局、国家工商行政管理总局关于印发
《快递行业特许经营（加盟）合同》
（示范文本）的通知

各省、自治区、直辖市邮政管理局、工商行政管理局：

　　为规范快递企业加盟行为，指导快递企业提高管理效率，节约交易成本，规避经营风险，平衡加盟双方权利义务关系，促进快递市场健康发展，国家邮政局与国家工商行政管理总局联合制定了《快递行业特许经营（加盟）合同》（示范文本）GF—2011—2511（以下简称"示范文本"）。现予印发，自2011年5月1日起施行。

　　各地邮政管理部门、工商行政管理机关要充分认识推行示范文本的重要意义，结合本地实际，指导快递企业做好施行工作。要密切注意施行情况，如有问题及时向国家邮政局、国家工商行政管理总局报告。

　　附件：快递行业特许经营（加盟）合同（示范文本）

国家邮政局
国家工商行政管理总局
二〇一一年二月九日

附件：

快递行业特许经营（加盟）合同（示范文本）

GF—2011—2511

快递行业特许经营（加盟）合同（示范文本）

国家邮政局、国家工商行政管理总局制定

二〇一一年二月

使用说明

1. 本合同文本为示范文本，依据《中华人民共和国合同法》、《中华人民共和国商标法》、《商业特许经营管理条例》（国务院令第485号）、《快递市场管理办法》（交通运输部令2008年第4号）、《快递业务经营许可管理办法》（交通运输部令2009年第12号）以及《快递服务》邮政行业标准制订，供当事人签约使用或参考。

2. 本合同中的空白行，供双方当事人填写，以对本合同条款进行选择和补充约定。合同签订生效后，被选择的条款和补充约定的内容视为双方同意的内容。

3. 双方关于快递服务操作规程有具体约定的，作为本合同附件，附在合同正文之后，与本合同具有同等的法律效力。

快递行业特许经营（加盟）合同

合同编号：_____

特许人（加盟授权方）：_____

注册地址：_____

邮政编码：_____

营业执照注册号：_____

快递业务经营许可证号：_____

法定代表人：_____联系电话：_____

电子邮箱：_____

被特许人（加盟方）：_____

注册地址：_____

邮政编码：_____

营业执照注册号：_____

快递业务经营许可证号：_____

法定代表人：_____联系电话：_____

电子邮箱：_____

特许人与被特许人本着自愿、平等、公平和诚实信用原则，经过充分友好协商，签订本特许经营（加盟）合同：

1. 特许人（加盟授权方）具备的条件

1.1 特许人系依法设立、取得快递业务经营许可证，并有权在第3.1条规定的地域范围内从事快递业务的的企业法人。

1.2 特许人拥有_____快递特许经营权，包括注册商标_____（名称及权属证书号）、企业标志_____（名称、图形）、专利_____（专利号）、专有技术_____（名称及权属证书号）、经营模式等经营资源。

1.3 特许人在中国境内拥有至少2家从事快递服务1年以上的直营店或者由其子公司、控股公司建立的快递服务直营店。

2. 被特许人（加盟方）具备的条件

2.1 被特许人系依法设立、取得快递业务经营许可证的企业法人。

2.2 被特许人具备从事快递服务的经营场所，该经营场所的地址_____，建筑面积_____平方米，营业面积_____平方米。被特许人应当及时向特许人提供经营场所的权属证明。

2.3 被特许人至少拥有熟悉快递服务业务的员工_____名。

2.4 被特许人至少配备供快递服务使用的电话_____部（号码附后）；手机_____部（号码附后）；如遇号码变更，被特许人应及时通知特许人。

2.5 被特许人拥有不低于人民币_____万元的注册资金。

2.6 被特许人拥有从事快递服务的机动车_____部（车牌号附后）。

2.7 被特许人拥有与特许人快递服务计算机信息系统网络接入的设施设备。

3. 特许经营权的授予

3.1 在_____（区域或四至）地域范围内，特许人将拥有的：

注册商标权；

企业标记权；

专利权；

其他权利_____

在内的特许经营权授予被特许人独占性使用。被特许人可以在快件揽收与派送、员工制服、经营场所装潢装饰、广告宣传及推广、等方面使用特许人已授予的特许经营权。

3.2 未经特许人同意，被特许人不得改变特许人所授予的特许经营权的相关内容，不得扩大特许人授予的特许经营权使用范围。

3.3 特许人应当自本合同签订之日起_____日内，将有关特许经营权的权属证明及其他资料交付被特许人。

4. 合同期限

4.1 本特许经营合同有效期自_____年____月____日起至_____年____月____日。

4.2 任何一方提出在合同期间解除合同的，应当至少提前_____日用书面形式向对方提出，经双方协商一致，合同终止。

5. 特许经营费

被特许人应当自合同生效后_____日内，按以下第_____种方式向特许人支付特许经营费：

（1）自合同签订之日起_____日内，向特许人一次性支付特许经营费人民币_____元；

（2）被特许人按定期于每年_____月分期向特许人支付特许经营费_____元。

（3）其他方式

6. 履约保证金

双方就履约保证金的约定，具体内容见附件1。

7. 特许人的义务

7.1 特许人应当向被特许人提供以下_____特许经营产品

及服务，并保证其所提供的产品和服务没有品质或权利上的瑕疵：

（1）完整的企业识别及管理系统（硬件及软件）；

（2）统一的经营模式、快递网络使用指导及员工培训；

（3）充足、连续、保证质量的物料供应；

（4）统一的店面装潢、人员着装及设备采购；

（5）统一的广告宣传及促销支持；

（6）异地快件的运输、中转（含仓储）及派送服务；

（7）其他_____

7.2 特许人应当自合同签订之日起_____日内，向被特许人提供有关经营模式、管理制度、店面装潢形式、人员着装标准、网络接入方式等有关特许经营体系的书面资料（经营手册），该书面资料作为本合同的附件，为特许人承诺的一部分。

7.3 本合同有效期内，特许人应当对被特许人或其指定的人员提供不少于_____次或_____次/年的统一培训。

7.4 特许人在特许经营过程中，应当及时向被特许人披露有关特许经营权的重大变化、所涉及的诉讼或仲裁及其他可能对被特许人有重大影响的信息。

7.5 特许人应当自本合同订立之日起15日内，按照《商业特许经营管理条例》的规定，向有关行政主管部门备案。

8. 被特许人的义务

8.1 被特许人应当按照特许人订立的收费标准对外开展业务，不擅自提高或降低收费标准。

8.2 被特许人应当按照特许人订立的费用结算标准，按_____（日/月/年）与特许人以及特许人的其他被特许人进行费用结算。

8.3 被特许人在快递服务过程中应当使用由特许人或特许人指定的供应商供应的详情单、封套等物料;未经特许人同意,不使用其他来源的物料。

8.4 被特许人遇股东、经营场所、注册资本等发生变更,遭遇重大债权债务纠纷,或发生与快递经营有关的其他事项的变更,应当及时告知特许人。

8.5 在合同期间以及合同终止后_____(年/月)内,被特许人及其雇员应当保守其所掌握的特许人的商业秘密;未经特许人同意,不披露、使用或者允许他人使用该商业秘密。

8.6 未经特许人同意,被特许人不将特许人授予的特许经营权转让给第三方。

8.7 在本合同有效期内,未经特许人同意,被特许人不使用自己的品牌从事快递服务,也不同时代理其他快递服务公司的快件派送业务,双方当事人另有约定的除外。

8.8 被特许人应当按照特许人订立的服务标准揽收和派送快件。被特许人应当接受特许人对其服务质量进行的检查,对违反特许人服务标准的行为,应当予以改正。

8.9 被特许人应当按照特许人要求的时间、形式保存快递详情单等原始资料,并定期向特许人报送各种报表。

9. 广告宣传

9.1 特许人对其品牌形象进行推广和宣传,可以向被特许人收取广告费,双方约定广告费的收取标准、数额及交付方式如下:

9.2 被特许人可以发布与其快递服务有关的宣传广告,可能涉及特许人的知识产权、经营理念、商业秘密等内容时，应当经过特许人审查同意后方可发布。

10. 合同的变更和解除

10.1 双方协商一致，可以书面形式变更本合同的相关条款。

10.2 被特许人可以在本合同订立之日起_____日内向特许人提出无条件解除合同的请求。

10.3 特许人未按照约定向被特许人交付特许经营的权属证明、特许经营体系资料等相关资料，经被特许人书面催告后，特许人仍未交付或提供，导致被特许人无法从事快递服务业务的，被特许人有权书面通知特许人解除合同。

10.4 特许人的特许经营体系存在瑕疵，导致被特许人无法继续从事快递服务活动的，被特许人有权书面通知特许人解除合同。

10.5 被特许人无法达到特许人有关服务质量标准的要求，经督促后_____日内仍无明显改善，已经或可能影响特许人的整体运营形象的，特许人有权书面通知被特许人解除合同。

10.6 被特许人未按合同约定交付本合同项下的各种费用，经特许人书面催告后_____日内仍未交付的，特许人有权单方解除合同。

11. 违约责任

11.1 被特许人擅自超出合同约定的地域范围揽收快件，对特许人及特许人的其他直营店、被特许人造成损失的，应当对损失予以赔偿。

11.2 被特许人未经特许人同意，擅自提高或降低收费标准，对特许人及特许人的其他直营店、被特许人造成损失的，应当对损失予以赔偿。

11.3 被特许人未经特许人同意，披露、使用或者允许他人使用特许人的商业秘密，给特许人造成重大损失的，应当对损失予以赔偿。

11.4 未经特许人同意，被特许人擅自将特许经营权转让给第三方，应当向特许人支付违约金_____元。

11.5 未经特许人同意，被特许人以自有品牌从事快递服务，或者代理其他同类公司快递业务的，应当向特许人支付违约金_____元。

11.6 特许人未按照本合同约定向被特许人提供经营指导、业务培训与协助的，应当向被特许人支付违约金_____元。

11.7 特许人未按照本合同约定向被特许人提供特许经营体系的书面资料，经被特许人书面催告后在_____日内仍未履行的，应当向被特许人支付违约金_____元。

11.8 特许人提供的知识产权、物料及其他特许经营产品存在瑕疵，对被特许人的经营活动造成损失的，应当对损失予以赔偿。

11.9 任何一方未按照本合同约定向对方进行信息披露，给对方造成损失的，应当对对方的损失予以赔偿。

12. 争议解决方式

与本合同有关的一切争议，双方应当协商解决，也可向有关部门或行业协会申请调解；协商或调解不成的，按下列第_____种方式解决：

（1）将争议提交_____仲裁委员会仲裁。

（2）依法向_____人民法院起诉。

13. 其他

本合同一式_____份，双方各持_____份，具有同等的法律效力。

特许人：_____ 被特许人：_____

法定代表人：_____ 法定代表人：_____

委托代理人：_____ 委托代理人：_____

签约日期：_____ 签约日期：_____

签约地点：_____

附件1：

1. 被特许人自合同签订之日起_____日内，向特许人缴纳履约保证金_____元。

2. 被特许人应当在银行开设专门账户（账户号：_____）存放履约保证金，履约保证金只能用作以下用途：

_____

_____

3. 履约保证金的使用方式（程序）：

_____

_____

4. 双方对履约保证金的使用有争议时：

_____

_____

5. 保证金少于_____时，被特许人应当在收到特许人书面通知后_____日内补足。

6. 履约保证金的归还方式：
_____
_____

7. 履约保证金未能足额按时归还的：
_____
_____

8. 履约保证金未按约定的用途使用的：
_____
_____

国家安全监管总局、国家工商总局、公安部关于印发烟花爆竹安全买卖合同（示范文本）的通知

安监总管三〔2012〕94号

各省、自治区、直辖市及新疆生产建设兵团安全生产监督管理局、工商行政管理局、公安厅（局）：

为贯彻落实《国务院办公厅转发安全监管总局等部门关于进一步加强烟花爆竹安全监督管理工作意见的通知》（国办发〔2010〕53号）精神，加强烟花爆竹买卖合同的安全监管，根据《中华人民共和国合同法》和《烟花爆竹安全管理条例》（国务院令第455号），国家安全监管总局、国家工商总局、公安部联合制定了《烟花爆竹安全买卖合同（示范文本）》（GF—2012—0115），现印发给你们。

烟花爆竹属易燃易爆危险物品，完善烟花爆竹买卖合同制度，对规范双方买卖行为、加强产品流向监管、打击非法违法经营行为、维护市场经营秩序、保障经营安全十分重要。各地区要充分认识使用《烟花爆竹安全买卖合同（示范文本）》的重要意义，把推行使用该示范文本作为加强烟花爆竹安全管理的一项重要工作，并加强监督检查，指导烟花爆竹企业在烟花爆竹买卖活动中依法签订合同，规范填写合同各项内容，明确买卖双方责任和义务，依法销售、购买烟花爆竹。

自2012年8月1日起，烟花爆竹生产、经营企业在销售、购

买烟花爆竹时应当签订书面合同,要将使用《烟花爆竹安全买卖合同(示范文本)》签订的合同作为到公安机关开具《烟花爆竹道路运输许可证》的有效材料之一,严禁无书面合同购买、销售烟花爆竹。

附件:《烟花爆竹安全买卖合同(示范文本)》(GF—2012—0115)

http://www.chinasafety.gov.cn/newpage/Contents/Channel_6288/2012/0719/173841/content_173841.htm

国家安全监管总局

国家工商总局

公安部

2012年7月9日

中国福利彩票代销合同示范文本

民政部关于印发
《中国福利彩票代销合同示范文本》的通知

各省、自治区、直辖市民政厅（局），新疆生产建设兵团民政局：

根据《彩票管理条例》（国务院令第554号）和《彩票管理条例实施细则》（财政部民政部国家体育总局令第67号）的相关规定，我部制定了《中国福利彩票代销合同示范文本》，现印发给你们，请各地结合实际情况遵照执行。

民政部
2012年8月30日

福利彩票销售站点编号：

合同编号：

（中国福利彩票标识）

中国福利彩票代销合同示范文本

甲方（委托方）：_____（福利彩票销售机构名称）

法定代表人：

职务：

住所：

委托代理人：

身份证号码：

通讯地址：

电话：

传真：

邮编：

乙方（受托方为自然人用）：_____

身份证号码：

户口所在地：

住所：

通讯地址：

电话：

邮编：

乙方（受托方为法人用）：_____

法定代表人：

职务：

住所：

委托代理人：

身份证号码：

通讯地址：

电话：

传真：

邮编：

甲、乙双方根据《中华人民共和国合同法》、《彩票管理条例》、《彩票管理条例实施细则》等相关法律法规和省级以上人民政府财政部门、民政部门以及国务院民政部门设立的福利彩票发行机构制定的有关彩票管理政策和规定、规范，本着平等自愿、诚实信用的原则，就乙方代理销售中国福利彩票（以下简称"福利彩票"）事宜签订本合同。具体内容约定如下：

第一条　委托事项

甲方委托乙方在＿＿＿＿省（自治区、直辖市）＿＿＿＿市＿＿＿＿区（县）＿＿＿＿＿＿＿＿＿（具体地点）设立福利彩票销售站点，代销＿＿＿＿＿＿＿＿＿（具体品种）福利彩票。

第二条　委托期限

乙方代销福利彩票的期限为＿＿＿＿年，自＿＿＿＿年＿＿月＿＿日起，至＿＿＿＿年＿＿月＿＿日止。

第三条　代销费用

甲方按照双方的约定，向乙方支付福利彩票销售额＿＿＿＿％的代销费。

第四条　甲方的权利

（一）甲方有权要求乙方遵守《彩票管理条例》、《彩票管理条例实施细则》等相关法规、规章和省级以上人民政府财政部门、民政部门以及国务院民政部门设立的福利彩票发行机构制定的有关彩票管理政策和规定、规范；

（二）甲方有权根据相关规定及委托事项对乙方销售福利彩票的行为进行监督、检查；

（三）甲方有权根据国家政策调整和彩票市场发展需要，调整代销费比例；

（四）甲方有权向乙方收取押金或者保证金，押金或者保证金不计利息；

（五）甲方有权对乙方拖欠的福利彩票销售款、其他应缴费用和因乙方原因造成甲方提供的福利彩票销售设备故障、损坏或者丢失产生的损失，从其押金或者保证金中予以扣除。

第五条　甲方的义务

（一）甲方应按本合同第三条约定向乙方支付福利彩票代销费；

（二）甲方与乙方签订福利彩票代销合同后，应在_____个工作日内，向乙方发放福利彩票代销证，并提供相应的合格福利彩票销售设备供乙方使用。甲方提供的福利彩票销售设备所有权归甲方所有；

（三）甲方接到乙方福利彩票销售专用设备发生故障的报修申请后，应及时响应，并予以维修。经维修后仍不能正常使用的，应予更换；

（四）甲方应对乙方的福利彩票销售员进行上岗前培训，经考核合格后准予其上岗；

（五）甲方应在合同权利义务终止、收回甲方提供的可正常使用的福利彩票销售设备和福利彩票代销证、结清有关款项后，在_____个工作日内退还乙方押金或者保证金。

第六条　乙方的权利

（一）乙方有权按本合同第三条约定取得代销费；

（二）合同权利义务终止且乙方无违约情形，乙方交还甲方提供的可正常使用的福利彩票销售设备和福利彩票代销证、结清有关款项后，有权向甲方要求返还所交纳的押金或者保证金；

（三）乙方有权在合同履行期间，对甲方提供的销售设备以及宣传品，按照有关规定和本合同约定的用途、方式，合理使用。

第七条　乙方的义务

（一）乙方应当遵守《彩票管理条例》、《彩票管理条例实施细则》等相关法规、规章和省级以上人民政府财政部门、民政部门以及国务院民政部门设立的福利彩票发行机构制定的有关彩票管理政策和规定、规范；

（二）乙方销售福利彩票后，应及时向甲方交纳福利彩票销售款，或者按照与甲方约定的预存款交款方式或实时交款方式，及时结交福利彩票销售款；

（三）乙方应当向甲方交纳押金或者保证金，押金或者保证金不计利息。押金或者保证金金额不足时，乙方应当及时予以补足；

（四）乙方应当维护福利彩票的形象，不得侵犯甲方的名誉权、知识产权；

（五）乙方销售福利彩票，应当妥善保管甲方发放的福利彩票代销证，将其置于彩票销售场所的显著位置，不得转借、出租、出售；设置福利彩票标识；张贴福利彩票发行宗旨的宣传标语、针对非理性购买彩票的提示标语、不得向未成年人销售彩票和兑奖的警示标语；公示开奖结果；承担兑奖义务并回收兑奖彩票，防止流失已兑奖彩票；

（六）乙方必须按照彩票游戏规则和兑奖操作规程兑奖。应当以人民币现金形式向彩票中奖者一次性兑付彩票中奖奖金，不得以实物形式兑付，不得分期多次兑付；

（七）乙方有义务对彩票中奖者个人信息予以保密，未经彩票中奖者本人同意，不得泄露彩票中奖者身份特征信息；不得违背彩票中奖者本人意愿，以任何理由和方式要求彩票中奖者捐赠中奖奖金或者变相捐赠中奖奖金；

（八）乙方有义务对销售的福利彩票票面的完整性予以审核，不得销售票面信息不完整的福利彩票；

（九）乙方应当规范使用、维护甲方提供的福利彩票销售设备，不得转借、出租、出售甲方提供的福利彩票销售设备，不得擅自改变甲方提供的福利彩票销售设备用途，不得拆卸甲方提供的福利彩票销售设备或更换其零部件；不得查阅、修改、复制、删除甲方提供的福利彩票销售设备装载的程序和有关数据文件，或者安装、运行其他程序和文件；不得擅自外接设备。甲方提供的福利彩票销售设备出现故障、损坏或者丢失，乙方应当在_____个小时内告知甲方；

（十）乙方应按甲方制定的福利彩票销售站点规范化建设的要求建设销售站点。未经甲方书面同意，乙方不得擅自迁移销售站点；

（十一）乙方福利彩票销售人员须接受甲方组织的上岗前培训，并取得福利彩票销售资格。如乙方更换福利彩票销售人员，应当提前_____个工作日以书面形式通知甲方；

（十二）乙方及其销售人员应当参加甲方组织的与其销售福利彩票行为相关的会议、培训及活动；

（十三）乙方销售福利彩票，不得有本合同约定之外的其他彩票销售行为；

（十四）乙方不得无正当理由中止销售福利彩票，不得变更或者变相变更福利彩票面额销售，不得以赊销、信用方式销售福利彩票；

（十五）乙方不得向未成年人销售福利彩票和兑奖；

（十六）乙方如果提前解除合同，应当向甲方送交书面申请，经甲方书面同意后方能停止销售福利彩票，并按规定办理有关手续；

（十七）福利彩票代销合同权利义务终止后_____个工作日内，乙方应当将甲方提供的福利彩票销售设备、福利彩票代销证退还甲方，并保证退还的福利彩票销售设备能正常使用。

第八条　甲方的违约责任

（一）甲方未按约定向乙方支付代销费的，每迟延一日，应当额外向乙方支付拖欠费用的_____‰作为违约金，最高不超过_____%。违约金达到拖欠费用15%的，乙方有权解除合同并要求甲方支付所欠费用及违约金；

（二）乙方使用甲方提供的福利彩票销售专用设备出现故障并向甲方报修后，甲方拒绝维修或经维修仍无法正常使用且不更换可以正常使用的销售设备达到_____天的，乙方有权解除合同并要求甲方支付违约金。违约金支付具体事宜由甲乙双方另行约定；

（三）甲方在合同权利义务终止、收回甲方提供的福利彩票销售设备和福利彩票代销证、结清有关款项_____个工作日内，未向乙方退还押金或者保证金的，每迟延一日，应额外向乙方支付拖欠费用的_____‰作为违约金，最高不超过_____%。

第九条 乙方的违约责任

（一）因乙方原因造成甲方提供的福利彩票销售设备故障、损坏或者丢失的，由乙方承担维修费用或照价赔偿责任，乙方应按甲方要求赔偿损失；

（二）乙方未按甲、乙双方约定交纳福利彩票销售款、押金或者保证金的，每迟延一日，应额外支付拖欠金额的_____‰作为违约金，最高不超过_____%；

（三）乙方有下列情形之一，经甲方提出_____天后拒不改正，甲方有权责令乙方暂停销售福利彩票并进行限期整改：

1. 对彩票中奖者，未以人民币现金形式一次性兑付彩票中奖奖金，或者无故拒绝兑奖、拖延兑奖的，或者违背彩票中奖者本人意愿，以任何理由和方式要求彩票中奖者捐赠中奖奖金或变相捐赠中奖奖金的，或者泄露彩票中奖者个人信息但未造成严重后果的；

2. 未按规定期限交纳福利彩票销售款及其他应缴费用的；

3. 无正当理由连续或者累计停止销售福利彩票，一年内达到_____天的；

4. 未按规定设置福利彩票代销证、福利彩票标识的；

5. 未按规定张贴福利彩票发行宗旨的宣传标语、针对非理性购买彩票的提示标语、不得向未成年人销售彩票和兑奖的警示标语的；

6. 私自更换销售人员，或者销售人员未取得销售资格而销售福利彩票的；

7. 无正当理由不参加由甲方组织的与乙方销售福利彩票行为相关的会议、培训及活动的；

8. 以赊销、信用方式销售福利彩票的；

9. 以诋毁同业者等手段进行不正当竞争的；

10. 具有其他应当限期进行整改的情况的。

乙方整改后经甲方认定具备销售条件的，可以重新恢复福利彩票销售资格。

（四）乙方有包括但不限于下列情形之一的，甲方有权取消乙方福利彩票代销资格，并以书面形式通知乙方解除本合同，自通知到达乙方之日起合同解除。甲方有权视损失情况扣除乙方的押金或者保证金：

1. 向未成年人销售福利彩票和兑奖的；

2. 以误导、欺骗方式销售福利彩票的；

3. 设立分销站点，或者转让、转租、转借销售站点的；

4. 转借、出租、出售福利彩票代销证的；

5. 销售本合同约定之外的其他彩票的；

6. 通过手机、互联网等超出福利彩票机构规定范围和方式销售福利彩票的；

7. 变更或者变相变更彩票面额进行销售，或者销售已经作废的福利彩票的；

8. 未按批准的地址设立销售站点，或擅自迁移销售站点的；

9. 转借、出租、出售甲方提供的福利彩票销售设备，或者擅自改变甲方提供的福利彩票销售设备用途，或者拆卸甲方提供的福利彩票销售设备或更换其零部件，或者查阅、修改、复制、删除甲方提供的福利彩票销售设备装载的程序和有关数据文件，或者安装、运行其他程序和文件，或者擅自外接设备的；

10. 泄露彩票中奖者个人信息造成严重后果的；

11. 进行虚假性、误导性宣传的；

12. 有损害福利彩票形象的言行的。

第十条　合同的终止

（一）合同期满自然终止；

（二）双方协商一致的，可以提前解除本合同；

（三）因国家法律、法规、政策调整或根据彩票市场发展需要，甲方需调整代销费比例或变更代销合同条款，乙方不予认可的，乙方可以单方解除本合同；

（四）乙方有包括但不限于第九条第四款所列情形之一的，甲方可以单方解除本合同；

（五）因乙方自然人死亡、丧失民事行为能力或者法人破产、被吊销营业执照的，本合同解除。

第十一条　特别约定

（一）乙方在履行本合同期间，因其他违法行为受到相应行政机关的行政处罚或者被追究刑事责任的，甲方有权解除本合同；

（二）因自然灾害等不可抗力事件导致本合同不能继续履行的，双方互不承担违约责任。但遭受不可抗力一方应在不可抗力事由消失后及时通知对方，并采取必要的措施，减少损失；

（三）因电力、通讯等非甲乙双方的原因造成不能正常销售福利彩票的，双方互不承担责任；

（四）由于非甲方原因造成乙方及第三方人身伤害或者财产损失的，甲方不承担责任；

（五）因国家法律、法规、政策调整导致本合同不能继续履行或者解除的，双方互不承担违约责任；

（六）因履行本合同发生争议的，双方应协商解决。协商不成的，应向甲方所在地人民法院提起诉讼。

第十二条　其他

（一）甲方与乙方均应遵守法律法规、规章制度和省级以上人民政府财政部门、民政部门以及国务院民政部门设立的福利彩票发行机构制定的有关彩票管理的政策和规定、规范，严格履行本合同。如本合同的条款与上述法律法规、规章制度和政策规定不一致的，以上述法律法规、规章制度和政策规定为准。

（二）对本合同未尽事宜及对本合同部分条款的变更，双方可另行签订补充协议，补充协议与本合同具有同等法律效力。

（三）《中国福利彩票代销申请书》作为本合同附件，与本合同具有同等法律效力。

（四）甲乙双方通信地址等联系方式发生变化的，应于变化后_____日内通知对方，否则按原通信地址等联系方式进行的联系，视为送达；

（五）乙方符合甲方有关福利彩票销售场所条件的，双方签字、盖章。本合同自双方签字、盖章之日起生效，一式_____份，双方各执_____份，具有同等法律效力。

甲方：_____（福利彩票销售机构名称）
乙方（自然人或法定代表人）（签字）：

法定代表人（签字）：　　　　委托代理人（签字）：
委托代理人（签字）：

甲方公章　　　　　　　　　乙方印鉴或者公章

签订地点：　　　　　　　　签订地点：

　年　月　日　　　　　　　年　月　日

附件：《中国福利彩票代销申请书示范文本》

附件：

中国福利彩票代销申请书示范文本

申请人（自然人）姓名：_____ 性别：_____

出生日期：_____

身份证号码：_____

家庭地址及邮编：_____

住宅电话：_____

移动电话：_____

电子邮件：_____

申请人（单位）名称：_____

法定代表人或负责人：_____

单位地址及邮编：_____

联系人姓名：_____ 办公电话：_____

移动电话：_____

一、申请事项

申请设立福利彩票销售场所地址：

申请销售福利彩票品种：

二、申请人承诺

（一）申请人具有可用于代销_____（具体品种）中国福

利彩票的固定经营场所及所需资金；

（二）申请人不具有以下任何一种情形：

1. 申请人为自然人但无民事行为能力或者限制民事行为能力，或者申请人为单位但不具有独立法人资格的；

2. 担任破产清算的公司、企业的董事或者厂长、经理，对该公司、企业的破产负有个人责任的，自该公司、企业破产清算完结之日起未逾三年；

3. 担任因违法被吊销营业执照、责令关闭的公司、企业的法定代表人，并负有个人责任的，自该公司、企业被吊销营业执照之日起未逾三年；

4. 有被人民法院强制执行、结案的案件，未逾三年的；

5. 代销福利彩票因违反规定被解除合同未逾三年的；

6. 存在刑事处罚记录和不良商业信用记录未逾五年的。

（三）申请人按规定为彩票销售人员提供符合所在地县级以上人民政府人力资源社会保障部门规定的相关工资、保险和福利待遇。

（四）如申请人所承诺内容不实，或者未能履行承诺内容，（福利彩票销售机构名称）可以解除福利彩票代销合同，因此造成的损失由申请人承担。

三、申请人需要提供的证明材料明细

1. 申请人及销售人员的基本信息，包括：身份证复印件（申请人为单位的，须提供经其法定代表人签字的法定代表人身份证复印件）、《企业法人营业执照》复印件和企业年检合格证明的复印件；

2. 经营场所房屋权属证明或者租赁合同；

3. 金融机构出具的资金证明。

申请人（签字）：

（印鉴或者公章）

年　月　日

住房城乡建设部、工商总局关于印发《商品房买卖合同示范文本》的通知

建房〔2014〕53 号

各省、自治区、直辖市住房城乡建设厅（建委、房地局）、工商行政管理局：

为进一步规范商品房交易行为，保障交易当事人的合法权益，切实维护公平公正的商品房交易秩序，贯彻《合同法》、《物权法》等法律法规和部门规章，住房城乡建设部、工商总局对《商品房买卖合同示范文本》（GF—2000—0171）进行了修订，制定了《商品房买卖合同（预售）示范文本》（GF—2014—0171）、《商品房买卖合同（现售）示范文本》（GF—2014—0172）。现印发给你们，请各地充分认识推行本合同示范文本的意义，积极提倡和引导商品房交易当事人使用本合同示范文本，做好示范文本使用事项和市场交易风险提示等宣贯工作。各地在执行过程中发现的问题和有关建议，及时与住房城乡建设部和工商总局联系。

自本合同示范文本颁布之日起，原《商品房买卖合同示范文本》（GF—2000—0171）同时废止。

附件：1、商品房买卖合同（现售）示范文本（略）

中华人民共和国住房和城乡建设部
中华人民共和国国家工商行政管理总局
2014 年 4 月 9 日

工商总局关于印发《柜台租赁经营合同（示范文本）》的通知

工商市字〔2013〕203号

各省、自治区、直辖市工商行政管理局：

　　为加强对柜台租赁经营活动的监督管理，维护良好的市场秩序，保障出租人、承租人、消费者的合法权益，根据《合同法》等法律法规的规定，工商总局对《柜台租赁合同（示范文本）》（GF—2000—0603）进行了修订，制定了《柜台租赁经营合同（示范文本）》（GF—2013—0603），现予印发。《柜台租赁经营合同（示范文本）》（GF—2013—0603）自2014年1月1日起施行，《柜台租赁合同（示范文本）》（GF—2000—0603）同时废止。

　　各地要将推行示范文本与加强商品交易市场规范管理结合起来，认真做好示范文本的宣传、推广，引导和规范合同订立行为，切实维护良好的市场秩序。在示范文本推广、使用中发现问题，要认真研究解决，重要问题及时上报。

　　附件：《柜台租赁经营合同（示范文本）》（GF—2013—0603）（略）

工商总局

2013年12月19日

国家林业局、国家工商行政管理总局关于印发集体林地承包和集体林权流转合同示范文本的通知

各省、自治区、直辖市林业厅（局）、工商行政管理局（市场监督管理部门）：

为适应全面推进集体林权制度改革需要，引导和规范合同当事人签约履约行为，切实维护当事人的合法权益，根据《中华人民共和国合同法》、《中华人民共和国农村土地承包法》、《中华人民共和国物权法》、《中华人民共和国森林法》等法律法规和国家有关规定，国家林业局与国家工商行政管理总局联合制定了《集体林地承包合同（示范文本）》、《集体林权流转合同（示范文本）》（见附件1、2）。现印发给你们，请各地充分认识推行合同示范文本的重要意义，积极推动和引导合同当事人使用合同示范文本，做好合同使用宣传、合同档案管理等工作。各地在执行过程中有何问题和建议，请及时与国家林业局和国家工商行政管理总局联系。

附件：1. 集体林地承包合同（示范文本）（GF-2014-2602）
　　　2. 集体林权流转合同（示范文本）（GF-2014-2603）

国家林业局

国家工商行政管理总局

2014年12月19日

GF—2014—2602

集体林地承包合同

（示范文本）

国 家 林 业 局
国家工商行政管理总局 制定

二〇一四年 月

使 用 说 明

一、本合同文本为示范文本，由国家林业局与国家工商行政管理总局联合制定，供集体林地承包当事人签订合同时参照使用。

二、合同签订前，发包方和承包方当事人应当仔细阅读本合同内容，特别是其中具有选择性、补充性、填充性、修改性的内容；对合同中的专业用词理解不一致的，可向当地林业主管部门咨询。

三、为体现合同双方的自愿原则，本合同文本中相关条款后都有空白行，供双方自行约定或者补充约定。双方（发包方、承包方）当事人可以对文本条款的内容进行修改、增补或者删减。合同签订生效后，未被修改的文本印刷文字视为双方同意内容。

四、本合同文本中涉及到的选择、填写内容以手写项为优先。

五、合同签订前，发包方应当出示本合同涉及的有关证书、证明文件等。

六、本合同编号由县级林业主管部门按统一规则填写。

合同编号：＿＿＿＿＿＿＿

集体林地承包合同

_____县(市、区)

发包方:_____乡(镇)_____村_____组

法定代表人(负责人):

身份证号码:

联系方式:

住　　所:

承包方:_____

法定代表人(负责人):

身份证号码:

联系方式:

住　　所:

为维护林地承包双方当事人的合法权益,促进林业发展,根据《中华人民共和国农村土地承包法》、《中华人民共和国森林法》、《中华人民共和国合同法》、《中华人民共和国物权法》等有关法律法规,按照本集体经济组织成员会议三分之二以上成员或者三分之二以上村民代表同意的林地承包方案,在公开、平等、自愿的原则下,经双方(发包方、承包方)协商同意,订立本合同。

第一条　承包林地情况

发包方将坐落在_____的林地，宗地序号：_____宗地编号：_____，树种：_____，面积共_____亩的林地（具体见下表及附图）林地承包经营权和林木所有权以_____（家庭承包形式为协商一致；"四荒地"非家庭承包形式为招标、拍卖、公开协商等其他形式）的方式发包给承包方，承包期限自_____年___月___日起至_____年___月___日止共_____年。

上述林地、林木交付现状：_____
_____
_____
_____
_____。

序号	地块名称	面积（亩）	四至界线			
			东	南	西	北
1						
2						
3						
4						
5						
6						

第二条 承包林地的用途

本承包林地必须用于林业生产，未经依法批准不得用于非林业建设或者其他建设。

第三条 承包价款及支付方式、期限

（一）承包价款

本合同约定林地承包价款总计为_____元人民币（大写：_____人民币）

1. 林地承包价格为____元/亩·年，承包_____年合计_____元人民币。

2. 林地上附属建筑及设施承包价款为_____元人民币。

3. 林地上林木承包款为_____元人民币。

（二）价款支付方式及支付时间

承包方采取下列第____种方式支付：

1. 现金方式一次性支付：

_____

_____。

2. 分期付款支付：

_____

_____。

3. 其他方式支付：

_____

_____。

第四条　双方的权利和义务

（一）发包方的权利和义务

1. 权利

（1）发包方有权监督承包方依照本合同约定的用途合理利用和保护林地。

（2）发包方有权制止承包方损害承包林地和其他森林资源的行为。

（3）承包方对承包林地造成永久性损害的，发包方有权向承包方要求损害赔偿。

（4）发包方有基于承包林地所有权获得收益的权利。

（5）发包方有权要求承包方按规划完成造林任务。

2. 义务

（1）确认前述承包的林地、林木产权清晰，没有权属纠纷和经济纠纷；没有作为抵押或担保物。

（2）维护承包方的林地承包经营权，不得擅自变更、解除承包合同。

（3）尊重承包方的生产经营自主权，不得干涉承包方依法经合同约定进行正常的生产经营活动。

（4）协助承包方申领林权证。

（5）协助承包方做好护林防火、林业有害生物防治等工作。

（6）依照本合同约定为承包方提供生产、技术、信息等服务。

（二）承包方的权利和义务

1. 权利

（1）依法享有承包林地使用、收益权；有权自主组织生产经营和依法处置林木及产品；有权依法自主决定承包林地是否流转和流转的方式。

（2）享受国家优惠政策和扶持。

（3）以家庭承包方式承包林地的，在承包期内，承包方家庭内部成员分户需要对承包林地进行分割经营的，可经家庭成员协商一致后，以原承包合同为依据，各分立的家庭分别与发包方签订承包合同，并依法申办林权证变更登记手续。

（4）林地承包的承包人死亡，其继承人可以在承包期内依法继续承包。

（5）承包期内承包林地被依法征用、占用的，有权依法获得相应的补偿。

2. 义务

（1）维持承包林地的林业用途，不得用于非林建设或者使之闲置荒芜。属生态公益林的，不得改变公益林性质。

（2）落实造林和管护措施。荒山应自承包合同生效之日起____年内参照国家有关造林标准造林。林木采伐后应在当年或次年更新。

（3）依法保护和合理利用林地，不得自行或准许他人在承包林地内实施毁林开垦、采石、挖沙、取土等给林地造成永久性损害的行为。在承包林地内发生毁林和乱占滥用林地行为时，应积极采取措施予以制止，并及时向有关部门报告。

（4）保护好野生动物、植物资源，依法做好森林防火和林业有害生物防治工作。

（5）在承包期内转让林地承包经营权的，应经发包方同意，否则转让无效；转包（仅家庭承包方式适用）、出租、互换（仅家庭承包方式适用）或者以其他方式流转林地承包经营权的，应当报发包方备案。

（6）及时、足额支付承包费。如遇国家征用、占用林地，配合林业等有关部门办理相关手续。

（7）配合发包方执行县（市、区）、乡（镇、办事处）林业总体规划、重点工程实施方案，组织本集体经济组织内部的林业基础设施建设。

第五条 特别约定

（一）发包方通过招标、拍卖、公开协商等方式发包"四荒地"林地经营权的，应提供：

1. 发包方《林权证》复印件；

2. 依法经本集体经济组织成员的村民会议三分之二以上成员或者村民代表会议三分之二以上村民代表同意承包的票决记录复印件；

3. 乡（镇）政府批准意见书。

（二）其他：

_____

_____

_____。

第六条 合同的变更、解除和终止

（一）本合同法律效力不受双方（发包方、承包方）负责人变动影响，也不因集体经济组织的分立或合并而变更或解除，任何一方不得擅自终止合同。

（二）合同有效期间，如因政府依法征占用该承包林地，或者因不可抗力因素致使合同全部不能履行时，本合同自动终止。

（三）承包合同期满后，承包方在_____日内将原承包的林地交还给发包方。未采伐林木的处理方式约定为_____。

（四）合同终止或解除后，原由承包方修建的道路、灌溉渠等设施，处置方式为_____。修建的房屋及其他

可拆卸设施，处置方式为＿＿＿＿＿＿＿＿＿＿＿＿＿＿＿＿＿
＿＿＿＿＿＿＿＿＿＿＿＿＿＿＿＿＿＿＿＿＿＿＿＿＿＿。

（五）合同期满后，如承包方继续承包经营该林地，在同等条件下，承包方拥有优先承包经营权，但需与发包方重新协商签订合同。

第七条　违约责任

（一）本合同签订后，如因发包方发包地手续不合法或因发包地权属不清产生纠纷，致使合同全部或部分不能履行的，视为发包方违约，由发包方负责协调处理，由此给承包方造成经济损失的，由发包方负责全额赔偿。

（二）承包期内，发包方擅自收回承包林地，或者干预承包方正常的生产经营活动，使承包方遭受损失的，应承担赔偿责任。

（三）承包期内，承包方未按规定用途使用承包地、改变林地用途，未按合同约定落实造林营林等经营及管护责任，或者造成林地永久性损害的，经劝阻无效发包方可依法解除合同，并由承包方承担林地恢复费用。

（四）承包方不按约定缴纳林地承包费用，按日承担应缴资金＿＿＿‰的滞纳金；逾期超过30日不缴纳的，发包方可解除合同收回承包林地。

（五）承包方在承包的林地上非法建筑、开矿等改变林地用途的，发包方有权终止合同，并视情节交由相关部门处理。

第八条　合同争议的解决方式

本合同在履行过程中发生的合同争议，由双方协商解决；协商不成的，由村民委员会、乡（镇）政府等进行调解；协商、调解不成的，可采取以下第＿＿＿种方式解决：

（一）向＿＿＿＿＿＿＿＿＿＿仲裁委员会申请仲裁；

（二）向＿＿＿＿＿＿＿＿＿＿人民法院申请诉讼。

第九条　其他约定

＿＿＿＿＿＿＿＿＿＿＿＿＿＿＿＿＿＿＿＿＿＿＿＿＿＿

＿＿＿＿＿＿＿＿＿＿＿＿＿＿＿＿＿＿＿＿＿＿＿＿＿＿

＿＿＿＿＿＿＿＿＿＿＿＿＿＿＿＿＿＿＿＿＿＿＿＿＿＿。

第十条　其他事项

（一）本合同履行期间，如有未尽事宜，应由双方共同协商，作出补充规定，补充规定与本合同具有同等效力。

（二）本合同一式＿＿＿份，由发包方、承包方、乡镇林业工作站、＿＿＿、各执一份。

（三）本合同自签订之日起生效。

发包方（盖章）：＿＿＿＿＿＿负责人（签字）＿＿＿＿＿＿
　　　　　　　　签约日期：＿＿＿＿年＿＿月＿＿日

承包方（盖章）：＿＿＿＿＿＿负责人（签字）：＿＿＿＿＿＿
　　　　　　　　签约日期：＿＿＿＿年＿＿月＿＿日

鉴证方（盖章）：＿＿＿＿＿＿负责人（签字）：＿＿＿＿＿＿

附件：1. 承包林地四至范围附图（图幅比例）
　　　2. 其他：

GF—2014—2603

集体林权流转合同

（示范文本）

国　家　林　业　局
国家工商行政管理总局　制定

二〇一四年　月

使 用 说 明

一、本合同为示范文本，供中华人民共和国境内（不含港、澳、台地区）集体林权流转当事人签订合同时参照使用。

二、签约之前，双方当事人应当阅读本合同全部条款，双方对合同条款及用词理解不一致的，应当协商达成一致意见，必要时可以在合同中予以明确。

三、合同签订前，当事人应当了解流转法律法规，可向当地林业主管部门咨询。

四、双方当事人应当结合具体情况选择本合同协议条款中所提供的选择项，在选择项前的□打√。相关条款空格处是供双方自行约定或者补充约定的，应当以文字形式填写完整。

五、双方当事人可以对文本条款的内容进行修改、增补或者删减。修改条款具有《合同法》第五十二条和第五十三条规定情形的，该条款无效。

六、本合同文本中涉及到的选择、填写内容以手写项为优先。

七、本合同签订生效后，未被修改的文本印刷文字视为双方当事人同意内容。

八、当事人订立合同的，应当在合同书上签字或者盖章或者摁手印。

九、本合同编号由县级林业主管部门按统一规则填写。

十、本示范文本由国家林业局和国家工商行政管理总局共同制定、解释，在全国范围内推行使用。

合同编号：_____

集体林权流转合同

甲方（出让方）：_____　　证件类型及编号：_____
联系地址：_____　　　　　联系电话：_____
经营主体类型：□农村居民　　　□城镇居民
　　　　　　　□村集体经济组织　□企业法人
　　　　　　　□农民合作社　　　□其他
乙方（受让方）：_____　　证件类型及编号：_____
联系地址：_____　　　　　联系电话：_____
经营主体类型：□农村居民　　　□城镇居民
　　　　　　　□村集体经济组织　□企业法人
　　　　　　　□农民合作社　　　□其他

为规范集体林权流转行为，维护流转当事人的合法权益，根据《中华人民共和国合同法》、《中华人民共和国农村土地承包法》、《中华人民共和国森林法》等相关规定，经甲乙双方共同协商，在平等自愿的基础上，订立本合同。

第一条　特定术语和规范

（一）本合同所称的集体林权流转是指在不改变集体林地所有权及林地用途和公益林性质的前提下，林权权利人将其依法取得的林木所有权、使用权和林地承包经营权或者林地经营权，依法全部或部分转移给其他公民、法人及其他组织的行为。

（二）集体林权流转应当遵循依法自愿、公平公正和诚实守信原则，任何组织和个人不得强迫或者阻碍进行林地承包经营权流转，流转的期限不得超过承包期的剩余期限。

（三）通过家庭承包取得的林权，采取转让方式流转的，应当经发包方同意；采取转包、出租、互换或者其他方式流转的，应当报发包方备案。

（四）集体统一经营管理的林权流转给本集体经济组织以外的单位或者个人的，应当在本集体经济组织内提前公示，经本集体经济组织成员会议三分之二以上成员或者三分之二以上村民代表同意后报乡（镇）人民政府批准。村集体经济组织应当对受让方的资信情况和经营能力进行审查后，再签订合同。

（五）林权采取互换、转让方式流转，当事人要求权属变更登记的，应当向县级以上地方人民政府申请登记。

第二条　流转标的物及流转

（一）预定流转林权的林权证书号（可另附件）：_____，以林权证登记面积为准，共计_____亩，其中公益林_____亩，商品林_____亩。

（二）甲方现通过□转包　□出租　□互换　□转让　□入股　□作为出资、合作条件□其他_____方式流转给乙方，乙方对其受让的林地、林木应当依法开发利用。

（三）甲方将□林地经营权　□林木所有权　□林木使用权流转给乙方。

（四）流转林地上的附属建筑和资产情况及处置方式（可另附件）：_____。

（五）林权流转期限从_____年____月____日起至

_____年___月___日止，共计___年。甲方应于_____年___月___日之前将林地林木交付乙方。

第三条 流转价款及支付方式

（一）以资金进行计价：

1. 一次性付款方式。林地经营权流转价款按每年每亩为____元，面积____亩，共计为____元，如林地上的林木一并转让的，按每年每亩____元，共计____元，支付时间为_____年___月___日。

2. 分期付款方式。共分为____期，每期____年，每期林地流转价款递增____%。合同生效后____日内由乙方向甲方一次性支付第一期的流转价款____元，以及林地上的林木转让款____元，共____元。以后每____年于当年____月____日前由乙方向甲方支付下一期的林地流转价款。

（二）以实物或者实物折资进行计价或者其他方式：_____。

（三）公益林流转的，森林生态效益补偿资金由□甲方□乙方受偿，或者_____。

（四）本合同生效后____日内，乙方向甲方支付____元作为合同定金。采取一次性付款的，定金在流转合同期满后____日内一次性返还。分期付款的，定金在最后一期的流转价款中抵扣。

第四条 甲方的权利和义务

（一）有权依法获得流转收益，有权要求乙方按合同规定缴交林权流转价款。监督乙方依照合同约定的用途合理利用和保护林地。

（二）有权在本合同约定的流转林地期限届满后收回流转林地经营权或使用权。

（三）所提供的林地林木权属应清晰、合法，无权属纠纷和经济纠纷。如在流转后发现原转出的林地林木存在权属纠纷或经济纠纷的，由甲方负责处理并承担相应责任。

（四）提供所流转林地范围的全国统一式样的林权证、原转出方合法的集体决议纪录或与集体经济组织签订的原承包、流转经营合同等证明材料。

（五）不干涉和破坏乙方的生产经营活动。协助乙方做好护林防火和林区治安管理工作。协助乙方申办林地林木权属登记或变更登记、林木采伐手续，有关费用由乙方承担。

第五条 乙方的权利和义务

（一）依法享有受让林地使用、收益的权利，有权自主组织生产经营和处置产品。

（二）按合同约定及时支付流转价款。如该流转林地被依法征占用的，有权依法按规定获得相应的补偿。

（三）依法按规定申办林地林木权属登记或变更登记、林木采伐审批手续，不得非法砍伐林木。

（四）应当做好造林培育，其采伐迹地应在当年或者次年内完成造林更新，不得闲置丢荒，并保护好生态环境和水资源。

（五）依法做好护林防火、林业有害生物防治责任，保护野生动植物资源工作。

（六）应当严格按照国家和本地林业管理规定开发利用，不得擅自改变林地用途和公益林性质，不得破坏林业综合生产能力。

第六条 合同的变更、解除和终止

（一）在流转期内，乙方不得擅自将林地再次流转，如乙方确实需要再次流转的，必须经甲方同意，并依法办理相关手续。

（二）合同有效期间，因不可抗力因素致使合同全部不能履行时，本合同自动终止，甲方将合同终止日至流转到期日的期限内已收取的林权流转款退还给乙方；致使合同部分不能履行的，其他部分继续履行，流转价款作相应调整。

（三）合同期满后，如乙方继续经营该流转林地，必须在合同期满前90日内书面向甲方提出申请。如乙方不再继续流转经营，在合同期满后____日内将原流转的林地交还给甲方，乙方必须将原流转经营林地的林木妥善处理。未采伐林木的处理约定为_____。

（四）合同终止或解除后，原由乙方修建的道路、灌溉渠等设施，处置方式为_____；修建的房屋及其他可拆卸设施，处置方式为_____。

第七条 违约责任

（一）如甲方违约致使合同不能履行，须向乙方双倍返还定金；如乙方违约致使合同不能履行，所交付定金不予退还。因违约给对方造成损失的，违约方还应承担赔偿责任。

（二）甲方应按合同规定按时向乙方交付林地，逾期一日应向乙方支付应缴纳的流转价款的____‰作为滞纳金。逾期____日，乙方有权解除合同，甲方承担违约责任。

（三）甲方流转的林地手续不合法，或林地林木权属不清产生纠纷，致使合同全部或部分不能履行，甲方应承担违约责任。

甲方违反合同约定擅自干涉和破坏乙方的生产经营，致使乙方无法进行正常的生产经营活动的，乙方有权单方解除合同，甲方应承担违约责任。

（四）乙方应按照合同规定按时足额向甲方支付林地林木流转价款，逾期一日乙方应向甲方支付本期（年）应付流转价款的____‰作为滞纳金。逾期____日，甲方有权单方解除合同，乙方应承担违约责任。

（五）自宜林地造林绿化约定期满____日后，乙方不履行造林绿化约定的，甲方有权无偿收回未造林绿化的林地。

（六）乙方给流转林地造成永久性损害，或者擅自改变林地用途或者造成森林资源严重破坏，经县级以上林业主管部门确认后，甲方有权要求乙方赔偿违约损失、有权单方解除合同，收回该林地经营使用权，所收取的定金不予退还。

第八条　合同争议的解决方式

因本合同的订立、效力、履行、变更及终止等发生争议时，双方当事人可以通过协商解决，也可以请求村民委员会、乡（镇）人民政府等调解解决。当事人不愿协商、调解或者协商、调解不成的，约定采用如下方式解决：

□提请当地农村土地仲裁机构仲裁。□向有权管辖的人民法院提起诉讼。

第九条　附则

（一）本合同未尽事宜，经出让方、受让方协商一致后可签订补充协议。补充协议与本合同具有同等法律效力。

补充条款（可另附件）：_____。

（二）本合同自当事人签字盖章起生效。本合同一式____份，由出让方、受让方、林地所有权的集体经济组织、县级林业主管部门、＿＿＿＿、＿＿＿＿各执一份。

甲方盖章（签字）：

法定代表（委托代理人）签字：

乙方盖章（签字）：

法定代表（委托代理人）签字：

鉴证单位：（签章）　　　　　　　鉴证人：（签章）

附件：

1. 甲、乙双方（负责人）身份证明复印件；

2. 流转林地四至范围附图；

3. 流转林权基本情况信息；

4. 甲方《林权证》复印件；

5. 属集体统一经营林地对本村、组外承包的应提供：依法经本集体经济组织成员的村民会议三分之二以上成员或者村民代表会议三分之二以上村民代表同意对外承包的票决记录复印件和镇（乡）政府批准意见书；

6. 属再次流转的，出让方应提供原出让方同意流转的书面意见的相关证明材料；

7. 其他：

流转林权基本情况信息

预定流转林地、林木交付现状：_____
_____
_____
_____。

序号	地块名称	林权证编号	面积（亩）	四至界线				GPS 拐点坐标
				东	南	西	北	
1								
2								
3								
4								
5								
6								

预定流转林地上的建筑及附着物现状：_____
_____
_____
_____。

人事部办公厅关于印发《事业单位聘用合同（范本）》的通知

国人厅发〔2005〕158号

各省、自治区、直辖市人事厅（局）、新疆生产建设兵团人事局、副省级城市人事局，国务院各部委、各直属机构人事部门：

根据《国务院办公厅转发人事部关于在事业单位试行人员聘用制度意见的通知》（国办发〔2002〕35号）的有关规定，为做好事业单位聘用合同签订工作，现将《事业单位聘用合同（范本）》印发给你们，并就有关事项通知如下：

一、《事业单位聘用合同（范本）》用于为事业单位签订聘用合同提供指导和示范。

二、各地区、各部门和事业单位在使用《事业单位聘用合同（范本）》的过程中，可根据本合同范本的有关内容并结合本单位实际情况，确定与职工签订聘用合同的条款及内容，切实维护单位和职工双方的合法权益。

三、《事业单位聘用合同（范本）》在人事部网站（www.mop.gov.cn）上公布，可以下载使用。

在使用《事业单位聘用合同（范本）》中如遇有问题，请及时与人事部专业技术人员管理司联系。

联系电话：010-84214786 84228923

人事部办公厅
二〇〇五年十二月二十日

国家能源局关于印发《天然气购销合同（标准文本）》的通知

国能监管〔2014〕98号

各派出机构，各省（自治区、直辖市）发改委、能源局，中石油、中石化、中海油集团公司，各有关天然气供应企业、城市燃气集团、直供用户：

为规范天然气购销市场秩序，我们制定了《天然气购销合同（标准文本）》（以下简称《标准文本》），现印发试行，有关事项通知如下：

一、各天然气供应企业、城市燃气集团、直供用户在我国境内开展天然气购销业务时，参照《标准文本》订立合同。

二、《标准文本》由国家能源局负责解释，此前签订的天然气购销合同仍然有效。

三、国家能源局及其派出机构负责监管天然气购销合同签订及履行情况。

试行中遇到的重大问题请及时报告国家能源局。

附件：1.《天然气购销合同（标准文本）》
2.《天然气购销合同（标准文本）》使用说明

国家能源局

2014年2月25日

附件1

(编号：_____)

天然气购销合同（标准文本）

卖方：_____
买方：_____

_____年 月 日

本天然气购销合同（"本合同"）由下列双方于_____年____月____日于中国_____签署：

(1) _____，其注册地址为_____，营业执照注册号为_____（"卖方"）；

（2）_____，其注册地址为_____，营业执照注册号为____（"买方"）。

卖方和买方以下合称"双方"，单独一方则称"一方"。

鉴于：

（1）卖方已拥有一处或多处供应源，或已从一处或多处供应源获得天然气（含液化天然气）的长期供应；

（注：如涉及新项目审批要求，可在此对气源来源情况进行具体描述。）

（2）买方希望购买天然气用于_____（"买方用途"）；

（3）买方同意按本合同中约定的条款和条件购买和接收天然气，同时卖方愿意按该等条款和条件向买方销售和交付天然气。

为此，双方本着自愿、公平和诚实信用的原则，经协商一致，就有关天然气购销事宜达成本合同如下条款：

第1条　定义

除非本合同中另有具体规定，本合同中使用的下列词语含义如下：

1.1　起始日

指按本合同第4.1款的规定确定的日期。

1.2　合同年

就第一个合同年而言，指起始日开始至起始日所在当年的12月31日结束；就任一其后的合同年而言，指自当年1月1日起至12月31日止的连续的十二（12）个月；假如合同期在12月31日以外的日期终止，则最后一个合同年为自该终止日前的1月1日起至合同期最后一日止届满的一段时间。

1.3 供气日

指北京时间当日的_____至下一日的_____。

1.4 标准立方米

指在压力为101.325kPa，温度为20℃的状态下占有一立方米空间的气量。

1.5 合理努力

指一方在当时的情况下采取合理可能的行为，但不包括采取将会或可能会使该方遭受重大损失的行动。

1.6 合理审慎作业者

指能诚信地力求履行其合约义务的自然人及组织，该自然人及组织在力求履约以及在其通常的履行承诺过程中，其表现出的技巧、勤勉、审慎和预见水平达到了人们合理和通常期望的一个成熟及富有经验的同类业务作业者，在同样或相似的情况和条件下并按照所有适用的法律、国际标准和惯例，履行承诺所达到的水平。

第2条 批准及许可

双方应各自负责并且应尽合理努力获得各自一切必要的核准（批准）及许可，以使其得以履行各自在本合同项下的义务。

第3条 交付

3.1 交付点、风险和所有权

卖方按本合同的规定向买方销售天然气，买方按本合同的规定向卖方购买天然气，交付点为____，交付压力为____。交付天然气的所有权和风险自天然气越过交付点时由卖方转移至买方。

3.2 卖方交付设施

卖方应将天然气输送至交付点。卖方应负责安排交付点之前的所有天然气交付设施（包括交付点上游的卖方天然气检验和计量设备）。

3.3 买方接收设施

买方应在交付点接收天然气。买方应负责安排交付点之后的所有天然气接收设施。

第4条 起始日和交付期

4.1 起始日

（适用于已建成项目）：

双方约定，本合同项下供气起始日为____。

（适用于新项目）：

双方应不定期就双方项目建设的进度进行沟通，并就起始日的确定进行协商。双方约定本合同项下起始日应在_____年____月____日至_____年____月____日的期间内（"第一窗口期"）发生，并应根据以下程序确定：

4.1.1 双方应至少在 年 月 日前确定一个九十（90）天的期间，该期间应在第一窗口期内且起始日应在该期间发生（该九十（90）天以下简称"第二窗口期"），或如果双方没有按照本款的规定确定窗口，则第二窗口期将被视为是第一窗口期的最后的九十（90）天；

4.1.2 双方应至少在第二窗口期开始前三十（30）天确定起始日的时间，该起始日的时间应在第二窗口期内，或如果双方没有按照本款上述规定确定起始日，则起始日将被视为是第二窗口期的最后一天。

4.2 交付期

除非双方另有约定，本合同项下天然气交付期为起始日至

_____年____月____日。

第 5 条 年合同量（视情况而定，可将"年合同量"调整为"合同量"）

5.1 年合同量（适用于 1 年期以上的合同）

就每一合同年而言，指_____标准立方米的天然气气量。（注：双方可对每一合同年的年合同量分别进行约定。）

5.2 气源

上述年合同量所对应的天然气供应来源来自____，未来也包括从其他资源国或资源商处获得的其他气源。

5.3 最大日合同量、最小日合同量和最大小时提取速率

双方约定，就任一供气日而言，允许买方提取的天然气数量的最大值为____标准立方米每供气日（"最大日合同量"），最小值为____标准立方米每供气日（"最小日合同量"）。双方进一步约定，除非卖方导致或卖方事先书面同意，对于交付期内任一供气日买方提取的超出上述最大日合同量部分的天然气为超提气。

双方约定，就任一供气日内，允许买方提取天然气速率的最大值为____标准立方米/每小时（"最大小时提取速率"）。

5.4 增量气

若买方在交付期内的任何时间向卖方提出购买超过年合同量的增量气，则：

5.4.1 买方至少应提前____日通知卖方增量气的数量以及交付时间；

5.4.2 卖方可在其收到买方按本合同第 5.4.1 款的规定发出的通知起____日内向买方发出接受或拒绝该等要求的通知，且

该合同年的年合同量应按双方约定的增量气的数量进行相应调整。

5.5 优先供气顺序

双方约定，在交付期内任何时间发生天然气气量不足以满足卖方所有下游用户的有效指定量的情况，无论是否是由于不可抗力所致，卖方将按照附件一约定的顺序向各下游用户供应天然气。

第 6 条 合同价格和气款结算

6.1 合同价格（以下模版供选择，并可根据实际情况进行细化。）

模版一：按本合同在交付点交付的天然气的合同价格为____元/标准立方米（含税）。本合同使用的货币为人民币，单位为"元"。

模版二：双方同意，本合同项下每一标准立方米（或吉焦）天然气的合同价格（以元/标准立方米或吉焦为单位表示）由天然气基础价格（P_i）和综合服务费用单价两部分组成。其中，

双方应按照如下公式计算天然气基础价格：

$P_i = $ _____；

综合服务费用单价为____元/标准立方米或吉焦。

6.2 气款结算

双方约定，本合同项下天然气气款每____结算一次。买方应根据附件二（结算条款）的规定，支付本合同项下其购买的所有天然气的款项和其它按照本合同应支付的款项。

第 7 条 照付不议（适用于 1 年期以上的合同）

就交付期内的任一合同年而言，卖方应在交付点销售并交付

且买方应提取该合同年的年合同量,并为提取的和未提取的天然气付款。双方进一步约定,对于上述买方已付款但未提取的天然气,买方有权按附件三的约定进行补提。

第 8 条 质量和计量

天然气的质量和计量结果以卖方在交付点上游的分析和计量为准。天然气质量规格见附件四。

双方应依据国家颁布的适用于天然气计量的法律、法规、标准、规程和本条规定的原则进行天然气的检验与计量,检验计量规程见附件五。

第 9 条 调试和维修

9.1 调试(适用于新项目)

9.1.1 调试期为＿＿＿＿年＿＿月＿＿日起至＿＿＿＿年＿＿月＿＿日止的期间。

9.1.2 在调试期内,双方应互相合作,卖方应尽合理努力交付、买方应尽合理努力接收尽可能多的天然气,其数量应达到双方共同认可的对各自设施正常生产的要求。为避免歧义,在调试期内,＿＿＿＿＿＿(如:"本合同第 7 条")将不适用。

9.2 维修

双方同意,任何一方每一合同年可对其设施安排累计连续不超过十五(15)日的额定维修,除此之外,作为合理审慎作业者,任何一方可根据各自设施实际情况,另行安排额外维修和临时维修。

第 10 条 保险(本条为选择性条款)

在合同期内,每一方应自费向具有良好财务状况的承保人投保并保持标准的和符合惯例的保险。

第 11 条 计划与指定

本合同项下天然气的计划与指定机制在附件六中予以规定。

第 12 条 买方限制

在合同期内,除非经过卖方书面同意,卖方根据本合同销售给买方的所有天然气只能用于买方用途,不得转作其它用途。

第 13 条 保密

本合同的内容、编制本合同期间披露的一切信息以及往来的函件也包括任何一方的商业信息、客户资料等信息(以下统称为"保密信息")均应保密。未经一方书面许可,另一方不得以任何方式向任何第三方披露任何保密信息(也不允许双方各自的雇员、管理人员、代表人、代理人或关联方向任何第三方披露)。

第 14 条 适用法律

本合同应适用中华人民共和国法律,并据此进行解释,排除任何会将本合同事项指向其它管辖地法律的法律选择规则。

第 15 条 争议解决

如果双方对本合同产生争议,双方应首先通过友好协商解决。如果该争议在任何一方以书面形式告知对方争议的存在起的四十五(45)天内仍然未能得到解决,双方同意按以下第____条处理:

(1) 任何一方均有权向对方发出通知,将该争议提交仲裁进行最终裁决。争议应依据____仲裁委员会在提起仲裁时有效的仲裁规则("规则"),由按照规则指定的三位仲裁员在____进行仲裁以得最终解决,除非本合同另作明确变更。____仲裁委员会为指定的仲裁机构。仲裁(包括所有联系沟通、证据提交、通知、裁决以及相关文件制作）所使用的语言应为中文。上述仲裁委员会做出的裁决为终局裁决，对买卖双方均有约束力。

（2）任何一方依法提请人民法院通过诉讼程序解决。

第16条 不可抗力

不可抗力应是指任何其发生超出应按并且已按合理审慎的作业者的方式行事的受影响方（或卖方或买方设备的其他所有者和/或经营者）的合理控制范围，且采用可合理期待其已采取的防护措施亦不能避免，进而导致受影响方无法履行其在本合同项下的任何一项或多项义务、约定或承诺的任何事件或情形。双方进一步同意，天然气市场或利用本合同所交付的天然气制成的产品市场的市场变化不应在本合同中视作不可抗力。

如一方受不可抗力影响完全或部分不能履行其合同义务，该方应坚持执行合理审慎的作业者标准努力克服和消除不可抗力事件或情况的影响，在此期间该方在本合同项下因受不可抗力的影响而不能履行义务的责任应予以免除，但是本合同的规定支付应付款项的义务不能予以免除。

第17条 生效和终止

17.1 生效（可根据项目实际情况决定，以下两个模版供选择：）

模版一：本合同及附件经双方法人代表或授权代表签字且加盖公章或合同专用章后生效，并持续有效直至交付期结束时终止或按本合同第17.2款规定的情形发生时终止（简称"合同期"）。

模版二：双方同意，双方在本合同项下的义务（除了于本合同签署之后即行生效的本合同第2条、第10、12、13、14、15、

16 条、第 17.1 款以及第 18、19 条项下的义务）应以满足以下生效条件为前提：_____。所有生效条件均被满足或放弃之日即为生效日。

17.2　终止

如发生下述情形，本合同终止，以发生在先者为准：

17.2.1　交付期结束时合同终止；

17.2.2　如果一方严重违反本合同义务，经守约方通知后　日内，违约方未纠正其违约行为，守约方有权终止本合同；

17.2.3　如任何一方资不抵债、进入破产、清算程序或严重丧失商业信誉，另一方有权终止本合同；

17.2.4　如一方发生不可抗力事件，导致一方不能完整履行合同义务：（a）在连续____年的期间累计超过____年，或（b）连续____日，经提前____日书面通知，另一方有权终止本合同。

第 18 条　承诺与保证

卖方向买方陈述并保证，并且买方向卖方陈述并保证：

18.1　该方拥有订立本合同并履行其在本合同项下义务的必要能力、资质和授权。

18.2　该方未涉及任何诉讼或其他可能影响该方履行本合同项下义务或将会对该方的财务状况产生重大影响的法律程序。

18.3　拥有或将会拥有或者享有或将会享有与为履行本合同而所需的资产相关的适当权利。

第 19 条　责任与赔偿

19.1　双方同意，对于本合同项下可能出现的买方未能按照合同约定提取天然气，或卖方未能按照合同约定交付天然气等情形的责任与补救机制在附件三中予以规定。

19.2 受本合同中明确规定的限制条款约束，一方应赔偿因违反本合同给另一方造成的损失，但是，违约方的赔偿责任以守约方的直接损失为限，不包括营业的损失、生产中断的损失、停工的损失、对第三方的赔偿责任、利润的损失等间接损失。

第20条 其它

本合同未尽事宜，双方将进行友好协商，并以本合同附件或补充协议的形式予以明确。该合同相关附件内容由供用气双方协商确定。

第21条 签署

本合同一式____份，具有同等效力，双方各执____份。

本合同由双方法人代表或授权代表于文首所载日期签署，以资证明。

卖　方：_____

签字人：_____
姓　名：_____
职　务：_____

买　方：_____

签字人：_____
姓　名：_____
职　务：_____

附件一　供气优先顺序
附件二　结算条款
附件三　责任与补救
附件四　质量规格
附件五　检验计量规程
附件六　计划与指定机制

附件2：

《天然气购销合同（标准文本）》使用说明

一、本《天然气购销合同（标准文本）》（以下简称《标准文本》）适用于天然气供应企业与城市燃气集团、直供用户参照签订多年、年度或短期天然气购销合同。

二、《标准文本》中有关空格的内容由双方根据实际情况协商确定，合同双方可在公平、合理和协商一致的基础上，进一步对有关条款进行补充、细化或完善，增加或减少附件等。法律、法规或者国家有关部门有相关规定的，按照规定执行。

三、《标准文本》仅处理与天然气购销有关的商务问题，安全和技术问题合同双方可另行约定。

四、根据现行体制，《标准文本》按"卖方"与天然气长输管网设施运营企业为同一实体考虑。如"卖方"与天然气长输管网设施运营企业不是同一实体，则双方应对本合同相应条款进行必要调整和修改。

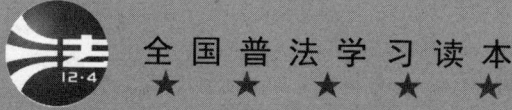

合同类法律法规学习读本
合同综合法律法规

曾 朝 主编

加大全民普法力度，建设社会主义法治文化，树立宪法法律至上、法律面前人人平等的法治理念。

——中国共产党第十九次全国代表大会《决胜全面建成小康社会 夺取新时代中国特色社会主义伟大胜利》

汕头大学出版社

图书在版编目（CIP）数据

合同综合法律法规/曾朝主编． -- 汕头：汕头大学出版社，2023.4（重印）

（合同类法律法规学习读本）

ISBN 978-7-5658-3319-9

Ⅰ.①合… Ⅱ.①曾… Ⅲ.①合同法-中国-学习参考资料 Ⅳ.①D923.64

中国版本图书馆 CIP 数据核字（2018）第 000711 号

合同综合法律法规　　HETONG ZONGHE FALÜ FAGUI

主　　编：	曾　朝
责任编辑：	汪艳蕾
责任技编：	黄东生
封面设计：	大华文苑
出版发行：	汕头大学出版社
	广东省汕头市大学路 243 号汕头大学校园内　邮政编码：515063
电　　话：	0754-82904613
印　　刷：	三河市元兴印务有限公司
开　　本：	690mm×960mm 1/16
印　　张：	18
字　　数：	226 千字
版　　次：	2018 年 1 月第 1 版
印　　次：	2023 年 4 月第 2 次印刷
定　　价：	59.60 元（全 2 册）

ISBN 978-7-5658-3319-9

版权所有，翻版必究

如发现印装质量问题，请与承印厂联系退换

前　言

习近平总书记指出："推进全民守法，必须着力增强全民法治观念。要坚持把全民普法和守法作为依法治国的长期基础性工作，采取有力措施加强法制宣传教育。要坚持法治教育从娃娃抓起，把法治教育纳入国民教育体系和精神文明创建内容，由易到难、循序渐进不断增强青少年的规则意识。要健全公民和组织守法信用记录，完善守法诚信褒奖机制和违法失信行为惩戒机制，形成守法光荣、违法可耻的社会氛围，使遵法守法成为全体人民共同追求和自觉行动。"

中共中央、国务院曾经转发了中央宣传部、司法部关于在公民中开展法治宣传教育的规划，并发出通知，要求各地区各部门结合实际认真贯彻执行。通知指出，全民普法和守法是依法治国的长期基础性工作。深入开展法治宣传教育，是全面建成小康社会和新农村的重要保障。

普法规划指出：各地区各部门要根据实际需要，从不同群体的特点出发，因地制宜开展有特色的法治宣传教育坚持集中法治宣传教育与经常性法治宣传教育相结合，深化法律进机关、进乡村、进社区、进学校、进企业、进单位的"法律六进"主题活动，完善工作标准，建立长效机制。

特别是农业、农村和农民问题，始终是关系党和人民事业发展的全局性和根本性问题。党中央、国务院发布的《关于推进社会主义新农村建设的若干意见》中明确提出要"加强农村法制建设，深入开展农村普法教育，增强农民的法制观念，提高农民依法行使权利和履行义务的自觉性。"多年普法实践证明，普及法律知识，提高法制观念，增强全社会依法办事意识具有重要作用。特别是在广大农村进行普法教育，是提高全民法律素质的需要。

多年来，我国在农村实行的改革开放取得了极大成功，农村发生了翻天覆地的变化，广大农民生活水平大大得到了提高。但是，由于历史和社会等原因，现阶段我国一些地区农民文化素质还不高，不学法、不懂法、不守法现象虽然较原来有所改变，但仍有相当一部分群众的法制观念仍很淡化，不懂、不愿借助法律来保护自身权益，这就极易受到不法的侵害，或极易进行违法犯罪活动，严重阻碍了全面建成小康社会和新农村步伐。

为此，根据党和政府的指示精神以及普法规划，特别是根据广大农村农民的现状，在有关部门和专家的指导下，特别编辑了这套《全国普法学习读本》。主要包括了广大人民群众应知应懂、实际实用的法律法规。为了辅导学习，附录还收入了相应法律法规的条例准则、实施细则、解读解答、案例分析等；同时为了突出法律法规的实际实用特点，兼顾地方性和特殊性，附录还收入了部分某些地方性法律法规以及非法律法规的政策文件、管理制度、应用表格等内容，拓展了本书的知识范围，使法律法规更"接地气"，便于读者学习掌握和实际应用。

在众多法律法规中，我们通过甄别，淘汰了废止的，精选了最新的、权威的和全面的。但有部分法律法规有些条款不适应当下情况了，却没有颁布新的，我们又不能擅自改动，只得保留原有条款，但附录却有相应的补充修改意见或通知等。众多法律法规根据不同内容和受众特点，经过归类组合，优化配套。整套普法读本非常全面系统，具有很强的学习性、实用性和指导性，非常适合用于广大农村和城乡普法学习教育与实践指导。总之，是全国全民普法的良好读本。

目　　录

中华人民共和国合同法

总　则 ……………………………………………… (1)
第一章　一般规定 ………………………………… (1)
第二章　合同的订立 ……………………………… (2)
第三章　合同的效力 ……………………………… (7)
第四章　合同的履行 ……………………………… (10)
第五章　合同的变更和转让 ……………………… (13)
第六章　合同的权利义务终止 …………………… (14)
第七章　违约责任 ………………………………… (17)
第八章　其他规定 ………………………………… (19)
分　则 ……………………………………………… (21)
第九章　买卖合同 ………………………………… (21)
第十章　供用电、水、气、热力合同 …………… (27)
第十一章　赠与合同 ……………………………… (28)
第十二章　借款合同 ……………………………… (29)
第十三章　租赁合同 ……………………………… (31)
第十四章　融资租赁合同 ………………………… (34)
第十五章　承揽合同 ……………………………… (35)
第十六章　建设工程合同 ………………………… (37)
第十七章　运输合同 ……………………………… (40)
第十八章　技术合同 ……………………………… (45)

第十九章　保管合同 …………………………………… (52)
第二十章　仓储合同 …………………………………… (54)
第二十一章　委托合同 ………………………………… (56)
第二十二章　行纪合同 ………………………………… (59)
第二十三章　居间合同 ………………………………… (61)
附　则 …………………………………………………… (61)

最高人民法院对合同法有关问题的解释

最高人民法院关于适用《中华人民共和国合同法》
　　若干问题的解释（一）………………………………… (62)
最高人民法院关于适用《中华人民共和国合同法》
　　若干问题的解释（二）………………………………… (68)
关于当前形势下审理民商事合同纠纷案件若干问题的
　　指导意见 ………………………………………………… (74)
最高人民法院关于审理涉外民事或商事合同纠纷案件法律适用
　　若干问题的规定 ………………………………………… (80)
最高人民法院关于审理建设工程施工合同纠纷案件适用
　　法律问题的解释 ………………………………………… (84)
最高人民法院关于审理技术合同纠纷案件适用法律
　　若干问题的解释 ………………………………………… (90)
最高人民法院关于审理买卖合同纠纷案件适用
　　法律问题的解释 ………………………………………… (105)
最高人民法院关于审理融资租赁合同纠纷案件适用
　　法律问题的解释 ………………………………………… (115)
最高人民法院关于审理城镇房屋租赁合同纠纷案件具体
　　应用法律若干问题的解释 ……………………………… (122)

目　录

最高人民法院关于审理涉及国有土地使用权合同纠纷案件
　　适用法律问题的解释 ………………………………（128）
最高人民法院关于审理金融资产管理公司利用外资处置
　　不良债权案件涉及对外担保合同效力问题的通知 …（134）
最高人民法院关于银行储蓄卡密码被泄露导致存款
　　被他人骗取引起的储蓄合同纠纷应否作为
　　民事案件受理问题的批复 …………………………（136）

中华人民共和国合同法

中华人民共和国主席令

第十五号

《中华人民共和国合同法》已由中华人民共和国第九届全国人民代表大会第二次会议于 1999 年 3 月 15 日通过，现予公布，自 1999 年 10 月 1 日起施行。

中华人民共和国主席　江泽民

1999 年 3 月 15 日

总　则

第一章　一般规定

第一条　为了保护合同当事人的合法权益，维护社会经济秩序，促进社会主义现代化建设，制定本法。

第二条　本法所称合同是平等主体的自然人、法人、其他组织之间设立、变更、终止民事权利义务关系的协议。

婚姻、收养、监护等有关身份关系的协议，适用其他法律的规定。

第三条 合同当事人的法律地位平等，一方不得将自己的意志强加给另一方。

第四条 当事人依法享有自愿订立合同的权利，任何单位和个人不得非法干预。

第五条 当事人应当遵循公平原则确定各方的权利和义务。

第六条 当事人行使权利、履行义务应当遵循诚实信用原则。

第七条 当事人订立、履行合同，应当遵守法律、行政法规，尊重社会公德，不得扰乱社会经济秩序，损害社会公共利益。

第八条 依法成立的合同，对当事人具有法律约束力。当事人应当按照约定履行自己的义务，不得擅自变更或者解除合同。

依法成立的合同，受法律保护。

第二章　合同的订立

第九条 当事人订立合同，应当具有相应的民事权利能力和民事行为能力。

当事人依法可以委托代理人订立合同。

第十条 当事人订立合同，有书面形式、口头形式和其他形式。

法律、行政法规规定采用书面形式的，应当采用书面形式。当事人约定采用书面形式的，应当采用书面形式。

第十一条 书面形式是指合同书、信件和数据电文（包括电报、电传、传真、电子数据交换和电子邮件）等可以有形地表现所载内容的形式。

第十二条 合同的内容由当事人约定，一般包括以下条款：

（一）当事人的名称或者姓名和住所；

（二）标的；

（三）数量；

（四）质量；

（五）价款或者报酬；

（六）履行期限、地点和方式；

（七）违约责任；

（八）解决争议的方法。

当事人可以参照各类合同的示范文本订立合同。

第十三条 当事人订立合同，采取要约、承诺方式。

第十四条 要约是希望和他人订立合同的意思表示，该意思表示应当符合下列规定：

（一）内容具体确定；

（二）表明经受要约人承诺，要约人即受该意思表示约束。

第十五条 要约邀请是希望他人向自己发出要约的意思表示。寄送的价目表、拍卖公告、招标公告、招股说明书、商业广告等为要约邀请。

商业广告的内容符合要约规定的，视为要约。

第十六条 要约到达受要约人时生效。

采用数据电文形式订立合同，收件人指定特定系统接收数据电文的，该数据电文进入该特定系统的时间，视为到达时间；未指定特定系统的，该数据电文进入收件人的任何系统的首次时间，视为到达时间。

第十七条 要约可以撤回。撤回要约的通知应当在要约到达受要约人之前或者与要约同时到达受要约人。

第十八条 要约可以撤销。撤销要约的通知应当在受要约人发出承诺通知之前到达受要约人。

第十九条 有下列情形之一的,要约不得撤销:

（一）要约人确定了承诺期限或者以其他形式明示要约不可撤销;

（二）受要约人有理由认为要约是不可撤销的,并已经为履行合同作了准备工作。

第二十条 有下列情形之一的,要约失效:

（一）拒绝要约的通知到达要约人;

（二）要约人依法撤销要约;

（三）承诺期限届满,受要约人未作出承诺;

（四）受要约人对要约的内容作出实质性变更。

第二十一条 承诺是受要约人同意要约的意思表示。

第二十二条 承诺应当以通知的方式作出,但根据交易习惯或者要约表明可以通过行为作出承诺的除外。

第二十三条 承诺应当在要约确定的期限内到达要约人。

要约没有确定承诺期限的,承诺应当依照下列规定到达:

（一）要约以对话方式作出的,应当即时作出承诺,但当事人另有约定的除外;

（二）要约以非对话方式作出的,承诺应当在合理期限内到达。

第二十四条 要约以信件或者电报作出的,承诺期限自信件载明的日期或者电报交发之日开始计算。信件未载明日期的,自投寄该信件的邮戳日期开始计算。要约以电话、传真等快速通讯方式作出的,承诺期限自要约到达受要约人时开始计算。

第二十五条　承诺生效时合同成立。

第二十六条　承诺通知到达要约人时生效。承诺不需要通知的，根据交易习惯或者要约的要求作出承诺的行为时生效。

采用数据电文形式订立合同的，承诺到达的时间适用本法第十六条第二款的规定。

第二十七条　承诺可以撤回。撤回承诺的通知应当在承诺通知到达要约人之前或者与承诺通知同时到达要约人。

第二十八条　受要约人超过承诺期限发出承诺的，除要约人及时通知受要约人该承诺有效的以外，为新要约。

第二十九条　受要约人在承诺期限内发出承诺，按照通常情形能够及时到达要约人，但因其他原因承诺到达要约人时超过承诺期限的，除要约人及时通知受要约人因承诺超过期限不接受该承诺的以外，该承诺有效。

第三十条　承诺的内容应当与要约的内容一致。受要约人对要约的内容作出实质性变更的，为新要约。有关合同标的、数量、质量、价款或者报酬、履行期限、履行地点和方式、违约责任和解决争议方法等的变更，是对要约内容的实质性变更。

第三十一条　承诺对要约的内容作出非实质性变更的，除要约人及时表示反对或者要约表明承诺不得对要约的内容作出任何变更的以外，该承诺有效，合同的内容以承诺的内容为准。

第三十二条　当事人采用合同书形式订立合同的，自双方当事人签字或者盖章时合同成立。

第三十三条　当事人采用信件、数据电文等形式订立合同的，可以在合同成立之前要求签订确认书。签订确认书时合同成立。

第三十四条　承诺生效的地点为合同成立的地点。

采用数据电文形式订立合同的，收件人的主营业地为合同成立的地点；没有主营业地的，其经常居住地为合同成立的地点。当事人另有约定的，按照其约定。

第三十五条　当事人采用合同书形式订立合同的，双方当事人签字或者盖章的地点为合同成立的地点。

第三十六条　法律、行政法规规定或者当事人约定采用书面形式订立合同，当事人未采用书面形式但一方已经履行主要义务，对方接受的，该合同成立。

第三十七条　采用合同书形式订立合同，在签字或者盖章之前，当事人一方已经履行主要义务，对方接受的，该合同成立。

第三十八条　国家根据需要下达指令性任务或者国家订货任务的，有关法人、其他组织之间应当依照有关法律、行政法规规定的权利和义务订立合同。

第三十九条　采用格式条款订立合同的，提供格式条款的一方应当遵循公平原则确定当事人之间的权利和义务，并采取合理的方式提请对方注意免除或者限制其责任的条款，按照对方的要求，对该条款予以说明。

格式条款是当事人为了重复使用而预先拟定，并在订立合同时未与对方协商的条款。

第四十条　格式条款具有本法第五十二条和第五十三条规定情形的，或者提供格式条款一方免除其责任、加重对方责任、排除对方主要权利的，该条款无效。

第四十一条　对格式条款的理解发生争议的，应当按照通常理解予以解释。对格式条款有两种以上解释的，应当作出不利于提供格式条款一方的解释。格式条款和非格式条款不一致的，应当采用非格式条款。

第四十二条 当事人在订立合同过程中有下列情形之一，给对方造成损失的，应当承担损害赔偿责任：

（一）假借订立合同，恶意进行磋商；

（二）故意隐瞒与订立合同有关的重要事实或者提供虚假情况；

（三）有其他违背诚实信用原则的行为。

第四十三条 当事人在订立合同过程中知悉的商业秘密，无论合同是否成立，不得泄露或者不正当地使用。泄露或者不正当地使用该商业秘密给对方造成损失的，应当承担损害赔偿责任。

第三章 合同的效力

第四十四条 依法成立的合同，自成立时生效。

法律、行政法规规定应当办理批准、登记等手续生效的，依照其规定。

第四十五条 当事人对合同的效力可以约定附条件。附生效条件的合同，自条件成就时生效。附解除条件的合同，自条件成就时失效。

当事人为自己的利益不正当地阻止条件成就的，视为条件已成就；不正当地促成条件成就的，视为条件不成就。

第四十六条 当事人对合同的效力可以约定附期限。附生效期限的合同，自期限届至时生效。附终止期限的合同，自期限届满时失效。

第四十七条 限制民事行为能力人订立的合同，经法定代理人追认后，该合同有效，但纯获利益的合同或者与其年龄、智力、精神健康状况相适应而订立的合同，不必经法定代理人追认。

相对人可以催告法定代理人在一个月内予以追认。法定代理人未作表示的，视为拒绝追认。合同被追认之前，善意相对人有撤销的权利。撤销应当以通知的方式作出。

第四十八条 行为人没有代理权、超越代理权或者代理权终止后以被代理人名义订立的合同，未经被代理人追认，对被代理人不发生效力，由行为人承担责任。

相对人可以催告被代理人在一个月内予以追认。被代理人未作表示的，视为拒绝追认。合同被追认之前，善意相对人有撤销的权利。撤销应当以通知的方式作出。

第四十九条 行为人没有代理权、超越代理权或者代理权终止后以被代理人名义订立合同，相对人有理由相信行为人有代理权的，该代理行为有效。

第五十条 法人或者其他组织的法定代表人、负责人超越权限订立的合同，除相对人知道或者应当知道其超越权限的以外，该代表行为有效。

第五十一条 无处分权的人处分他人财产，经权利人追认或者无处分权的人订立合同后取得处分权的，该合同有效。

第五十二条 有下列情形之一的，合同无效：

（一）一方以欺诈、胁迫的手段订立合同，损害国家利益；

（二）恶意串通，损害国家、集体或者第三人利益；

（三）以合法形式掩盖非法目的；

（四）损害社会公共利益；

（五）违反法律、行政法规的强制性规定。

第五十三条 合同中的下列免责条款无效：

（一）造成对方人身伤害的；

（二）因故意或者重大过失造成对方财产损失的。

第五十四条 下列合同，当事人一方有权请求人民法院或者仲裁机构变更或者撤销：

（一）因重大误解订立的；

（二）在订立合同时显失公平的。

一方以欺诈、胁迫的手段或者乘人之危，使对方在违背真实意思的情况下订立的合同，受损害方有权请求人民法院或者仲裁机构变更或者撤销。

当事人请求变更的，人民法院或者仲裁机构不得撤销。

第五十五条 有下列情形之一的，撤销权消灭：

（一）具有撤销权的当事人自知道或者应当知道撤销事由之日起一年内没有行使撤销权；

（二）具有撤销权的当事人知道撤销事由后明确表示或者以自己的行为放弃撤销权。

第五十六条 无效的合同或者被撤销的合同自始没有法律约束力。合同部分无效，不影响其他部分效力的，其他部分仍然有效。

第五十七条 合同无效、被撤销或者终止的，不影响合同中独立存在的有关解决争议方法的条款的效力。

第五十八条 合同无效或者被撤销后，因该合同取得的财产，应当予以返还；不能返还或者没有必要返还的，应当折价补偿。有过错的一方应当赔偿对方因此所受到的损失，双方都有过错的，应当各自承担相应的责任。

第五十九条 当事人恶意串通，损害国家、集体或者第三人利益的，因此取得的财产收归国家所有或者返还集体、第三人。

第四章 合同的履行

第六十条 当事人应当按照约定全面履行自己的义务。

当事人应当遵循诚实信用原则,根据合同的性质、目的和交易习惯履行通知、协助、保密等义务。

第六十一条 合同生效后,当事人就质量、价款或者报酬、履行地点等内容没有约定或者约定不明确的,可以协议补充;不能达成补充协议的,按照合同有关条款或者交易习惯确定。

第六十二条 当事人就有关合同内容约定不明确,依照本法第六十一条的规定仍不能确定的,适用下列规定:

(一)质量要求不明确的,按照国家标准、行业标准履行;没有国家标准、行业标准的,按照通常标准或者符合合同目的的特定标准履行。

(二)价款或者报酬不明确的,按照订立合同时履行地的市场价格履行;依法应当执行政府定价或者政府指导价的,按照规定履行。

(三)履行地点不明确,给付货币的,在接受货币一方所在地履行;交付不动产的,在不动产所在地履行;其他标的,在履行义务一方所在地履行。

(四)履行期限不明确的,债务人可以随时履行,债权人也可以随时要求履行,但应当给对方必要的准备时间。

(五)履行方式不明确的,按照有利于实现合同目的的方式履行。

(六)履行费用的负担不明确的,由履行义务一方负担。

第六十三条 执行政府定价或者政府指导价的,在合同约定的交付期限内政府价格调整时,按照交付时的价格计价。逾期交付标的物的，遇价格上涨时，按照原价格执行；价格下降时，按照新价格执行。逾期提取标的物或者逾期付款的，遇价格上涨时，按照新价格执行；价格下降时，按照原价格执行。

第六十四条　当事人约定由债务人向第三人履行债务的，债务人未向第三人履行债务或者履行债务不符合约定，应当向债权人承担违约责任。

第六十五条　当事人约定由第三人向债权人履行债务的，第三人不履行债务或者履行债务不符合约定，债务人应当向债权人承担违约责任。

第六十六条　当事人互负债务，没有先后履行顺序的，应当同时履行。一方在对方履行之前有权拒绝其履行要求。一方在对方履行债务不符合约定时，有权拒绝其相应的履行要求。

第六十七条　当事人互负债务，有先后履行顺序，先履行一方未履行的，后履行一方有权拒绝其履行要求。先履行一方履行债务不符合约定的，后履行一方有权拒绝其相应的履行要求。

第六十八条　应当先履行债务的当事人，有确切证据证明对方有下列情形之一的，可以中止履行：

（一）经营状况严重恶化；

（二）转移财产、抽逃资金，以逃避债务；

（三）丧失商业信誉；

（四）有丧失或者可能丧失履行债务能力的其他情形。

当事人没有确切证据中止履行的，应当承担违约责任。

第六十九条　当事人依照本法第六十八条的规定中止履行的，应当及时通知对方。

对方提供适当担保时，应当恢复履行。中止履行后，对方在合理期限内未恢复履行能力并且未提供适当担保的，中止履行的一方可以解除合同。

第七十条　债权人分立、合并或者变更住所没有通知债务人，致使履行债务发生困难的，债务人可以中止履行或者将标的物提存。

第七十一条　债权人可以拒绝债务人提前履行债务，但提前履行不损害债权人利益的除外。

债务人提前履行债务给债权人增加的费用，由债务人负担。

第七十二条　债权人可以拒绝债务人部分履行债务，但部分履行不损害债权人利益的除外。

债务人部分履行债务给债权人增加的费用，由债务人负担。

第七十三条　因债务人怠于行使其到期债权，对债权人造成损害的，债权人可以向人民法院请求以自己的名义代位行使债务人的债权，但该债权专属于债务人自身的除外。

代位权的行使范围以债权人的债权为限。债权人行使代位权的必要费用，由债务人负担。

第七十四条　因债务人放弃其到期债权或者无偿转让财产，对债权人造成损害的，债权人可以请求人民法院撤销债务人的行为。债务人以明显不合理的低价转让财产，对债权人造成损害，并且受让人知道该情形的，债权人也可以请求人民法院撤销债务人的行为。

撤销权的行使范围以债权人的债权为限。债权人行使撤销权的必要费用，由债务人负担。

第七十五条　撤销权自债权人知道或者应当知道撤销事由之日起一年内行使。自债务人的行为发生之日起五年内没有行使撤销权的，该撤销权消灭。

第七十六条　合同生效后，当事人不得因姓名、名称的变更或者法定代表人、负责人、承办人的变动而不履行合同义务。

第五章 合同的变更和转让

第七十七条 当事人协商一致，可以变更合同。

法律、行政法规规定变更合同应当办理批准、登记等手续的，依照其规定。

第七十八条 当事人对合同变更的内容约定不明确的，推定为未变更。

第七十九条 债权人可以将合同的权利全部或者部分转让给第三人，但有下列情形之一的除外：

（一）根据合同性质不得转让；

（二）按照当事人约定不得转让；

（三）依照法律规定不得转让。

第八十条 债权人转让权利的，应当通知债务人。未经通知，该转让对债务人不发生效力。

债权人转让权利的通知不得撤销，但经受让人同意的除外。

第八十一条 债权人转让权利的，受让人取得与债权有关的从权利，但该从权利专属于债权人自身的除外。

第八十二条 债务人接到债权转让通知后，债务人对让与人的抗辩，可以向受让人主张。

第八十三条 债务人接到债权转让通知时，债务人对让与人享有债权，并且债务人的债权先于转让的债权到期或者同时到期的，债务人可以向受让人主张抵销。

第八十四条 债务人将合同的义务全部或者部分转移给第三人的，应当经债权人同意。

第八十五条 债务人转移义务的，新债务人可以主张原债务人对债权人的抗辩。

第八十六条 债务人转移义务的，新债务人应当承担与主债务有关的从债务，但该从债务专属于原债务人自身的除外。

第八十七条 法律、行政法规规定转让权利或者转移义务应当办理批准、登记等手续的，依照其规定。

第八十八条 当事人一方经对方同意，可以将自己在合同中的权利和义务一并转让给第三人。

第八十九条 权利和义务一并转让的，适用本法第七十九条、第八十一条至第八十三条、第八十五条至第八十七条的规定。

第九十条 当事人订立合同后合并的，由合并后的法人或者其他组织行使合同权利，履行合同义务。当事人订立合同后分立的，除债权人和债务人另有约定的以外，由分立的法人或者其他组织对合同的权利和义务享有连带债权，承担连带债务。

第六章 合同的权利义务终止

第九十一条 有下列情形之一的，合同的权利义务终止：
（一）债务已经按照约定履行；
（二）合同解除；
（三）债务相互抵销；
（四）债务人依法将标的物提存；
（五）债权人免除债务；
（六）债权债务同归于一人；
（七）法律规定或者当事人约定终止的其他情形。

第九十二条 合同的权利义务终止后，当事人应当遵循诚实信用原则，根据交易习惯履行通知、协助、保密等义务。

第九十三条 当事人协商一致,可以解除合同。

当事人可以约定一方解除合同的条件。解除合同的条件成就时,解除权人可以解除合同。

第九十四条 有下列情形之一的,当事人可以解除合同:

(一)因不可抗力致使不能实现合同目的;

(二)在履行期限届满之前,当事人一方明确表示或者以自己的行为表明不履行主要债务;

(三)当事人一方迟延履行主要债务,经催告后在合理期限内仍未履行;

(四)当事人一方迟延履行债务或者有其他违约行为致使不能实现合同目的;

(五)法律规定的其他情形。

第九十五条 法律规定或者当事人约定解除权行使期限,期限届满当事人不行使的,该权利消灭。

法律没有规定或者当事人没有约定解除权行使期限,经对方催告后在合理期限内不行使的,该权利消灭。

第九十六条 当事人一方依照本法第九十三条第二款、第九十四条的规定主张解除合同的,应当通知对方。合同自通知到达对方时解除。对方有异议的,可以请求人民法院或者仲裁机构确认解除合同的效力。

法律、行政法规规定解除合同应当办理批准、登记等手续的,依照其规定。

第九十七条 合同解除后,尚未履行的,终止履行;已经履行的,根据履行情况和合同性质,当事人可以要求恢复原状、采取其他补救措施,并有权要求赔偿损失。

第九十八条 合同的权利义务终止,不影响合同中结算和清理条款的效力。

第九十九条 当事人互负到期债务，该债务的标的物种类、品质相同的，任何一方可以将自己的债务与对方的债务抵销，但依照法律规定或者按照合同性质不得抵销的除外。

当事人主张抵销的，应当通知对方。通知自到达对方时生效。抵销不得附条件或者附期限。

第一百条 当事人互负债务，标的物种类、品质不相同的，经双方协商一致，也可以抵销。

第一百零一条 有下列情形之一，难以履行债务的，债务人可以将标的物提存：

（一）债权人无正当理由拒绝受领；

（二）债权人下落不明；

（三）债权人死亡未确定继承人或者丧失民事行为能力未确定监护人；

（四）法律规定的其他情形。

标的物不适于提存或者提存费用过高的，债务人依法可以拍卖或者变卖标的物，提存所得的价款。

第一百零二条 标的物提存后，除债权人下落不明的以外，债务人应当及时通知债权人或者债权人的继承人、监护人。

第一百零三条 标的物提存后，毁损、灭失的风险由债权人承担。提存期间，标的物的孳息归债权人所有。提存费用由债权人负担。

第一百零四条 债权人可以随时领取提存物，但债权人对债务人负有到期债务的，在债务人未履行债务或者提供担保之前，提存部门根据债务人的要求应当拒绝其领取提存物。

债权人领取提存物的权利，自提存之日起五年内不行使而消灭，提存物扣除提存费用后归国家所有。

第一百零五条 债权人免除债务人部分或者全部债务的，

合同的权利义务部分或者全部终止。

第一百零六条 债权和债务同归于一人的，合同的权利义务终止，但涉及第三人利益的除外。

第七章　违约责任

第一百零七条 当事人一方不履行合同义务或者履行合同义务不符合约定的，应当承担继续履行、采取补救措施或者赔偿损失等违约责任。

第一百零八条 当事人一方明确表示或者以自己的行为表明不履行合同义务的，对方可以在履行期限届满之前要求其承担违约责任。

第一百零九条 当事人一方未支付价款或者报酬的，对方可以要求其支付价款或者报酬。

第一百一十条 当事人一方不履行非金钱债务或者履行非金钱债务不符合约定的，对方可以要求履行，但有下列情形之一的除外：

（一）法律上或者事实上不能履行；

（二）债务的标的不适于强制履行或者履行费用过高；

（三）债权人在合理期限内未要求履行。

第一百一十一条 质量不符合约定的，应当按照当事人的约定承担违约责任。对违约责任没有约定或者约定不明确，依照本法第六十一条的规定仍不能确定的，受损害方根据标的的性质以及损失的大小，可以合理选择要求对方承担修理、更换、重作、退货、减少价款或者报酬等违约责任。

第一百一十二条 当事人一方不履行合同义务或者履行合同义务不符合约定的，在履行义务或者采取补救措施后，对方还有其他损失的，应当赔偿损失。

第一百一十三条　当事人一方不履行合同义务或者履行合同义务不符合约定，给对方造成损失的，损失赔偿额应当相当于因违约所造成的损失，包括合同履行后可以获得的利益，但不得超过违反合同一方订立合同时预见到或者应当预见到的因违反合同可能造成的损失。

经营者对消费者提供商品或者服务有欺诈行为的，依照《中华人民共和国消费者权益保护法》的规定承担损害赔偿责任。

第一百一十四条　当事人可以约定一方违约时应当根据违约情况向对方支付一定数额的违约金，也可以约定因违约产生的损失赔偿额的计算方法。

约定的违约金低于造成的损失的，当事人可以请求人民法院或者仲裁机构予以增加；约定的违约金过分高于造成的损失的，当事人可以请求人民法院或者仲裁机构予以适当减少。当事人就迟延履行约定违约金的，违约方支付违约金后，还应当履行债务。

第一百一十五条　当事人可以依照《中华人民共和国担保法》约定一方向对方给付定金作为债权的担保。债务人履行债务后，定金应当抵作价款或者收回。给付定金的一方不履行约定的债务的，无权要求返还定金；收受定金的一方不履行约定的债务的，应当双倍返还定金。

第一百一十六条　当事人既约定违约金，又约定定金的，一方违约时，对方可以选择适用违约金或者定金条款。

第一百一十七条　因不可抗力不能履行合同的，根据不可抗力的影响，部分或者全部免除责任，但法律另有规定的除外。当事人迟延履行后发生不可抗力的，不能免除责任。

本法所称不可抗力,是指不能预见、不能避免并不能克服的客观情况。

第一百一十八条 当事人一方因不可抗力不能履行合同的,应当及时通知对方,以减轻可能给对方造成的损失,并应当在合理期限内提供证明。

第一百一十九条 当事人一方违约后,对方应当采取适当措施防止损失的扩大;没有采取适当措施致使损失扩大的,不得就扩大的损失要求赔偿。

当事人因防止损失扩大而支出的合理费用,由违约方承担。

第一百二十条 当事人双方都违反合同的,应当各自承担相应的责任。

第一百二十一条 当事人一方因第三人的原因造成违约的,应当向对方承担违约责任。当事人一方和第三人之间的纠纷,依照法律规定或者按照约定解决。

第一百二十二条 因当事人一方的违约行为,侵害对方人身、财产权益的,受损害方有权选择依照本法要求其承担违约责任或者依照其他法律要求其承担侵权责任。

第八章 其他规定

第一百二十三条 其他法律对合同另有规定的,依照其规定。

第一百二十四条 本法分则或者其他法律没有明文规定的合同,适用本法总则的规定,并可以参照本法分则或者其他法律最相类似的规定。

第一百二十五条 当事人对合同条款的理解有争议的,应当按照合同所使用的词句、合同的有关条款、合同的目的、交易习惯以及诚实信用原则,确定该条款的真实意思。

合同文本采用两种以上文字订立并约定具有同等效力的,对各文本使用的词句推定具有相同含义。各文本使用的词句不一致的,应当根据合同的目的予以解释。

第一百二十六条 涉外合同的当事人可以选择处理合同争议所适用的法律,但法律另有规定的除外。涉外合同的当事人没有选择的,适用与合同有最密切联系的国家的法律。

在中华人民共和国境内履行的中外合资经营企业合同、中外合作经营企业合同、中外合作勘探开发自然资源合同,适用中华人民共和国法律。

第一百二十七条 工商行政管理部门和其他有关行政主管部门在各自的职权范围内,依照法律、行政法规的规定,对利用合同危害国家利益、社会公共利益的违法行为,负责监督处理;构成犯罪的,依法追究刑事责任。

第一百二十八条 当事人可以通过和解或者调解解决合同争议。

当事人不愿和解、调解或者和解、调解不成的,可以根据仲裁协议向仲裁机构申请仲裁。涉外合同的当事人可以根据仲裁协议向中国仲裁机构或者其他仲裁机构申请仲裁。当事人没有订立仲裁协议或者仲裁协议无效的,可以向人民法院起诉。当事人应当履行发生法律效力的判决、仲裁裁决、调解书;拒不履行的,对方可以请求人民法院执行。

第一百二十九条 因国际货物买卖合同和技术进出口合同争议提起诉讼或者申请仲裁的期限为四年,自当事人知道或者应当知道其权利受到侵害之日起计算。因其他合同争议提起诉讼或者申请仲裁的期限,依照有关法律的规定。

分　则

第九章　买卖合同

第一百三十条　买卖合同是出卖人转移标的物的所有权于买受人，买受人支付价款的合同。

第一百三十一条　买卖合同的内容除依照本法第十二条的规定以外，还可以包括包装方式、检验标准和方法、结算方式、合同使用的文字及其效力等条款。

第一百三十二条　出卖的标的物，应当属于出卖人所有或者出卖人有权处分。法律、行政法规禁止或者限制转让的标的物，依照其规定。

第一百三十三条　标的物的所有权自标的物交付时起转移，但法律另有规定或者当事人另有约定的除外。

第一百三十四条　当事人可以在买卖合同中约定买受人未履行支付价款或者其他义务的，标的物的所有权属于出卖人。

第一百三十五条　出卖人应当履行向买受人交付标的物或者交付提取标的物的单证，并转移标的物所有权的义务。

第一百三十六条　出卖人应当按照约定或者交易习惯向买受人交付提取标的物单证以外的有关单证和资料。

第一百三十七条　出卖具有知识产权的计算机软件等标的物的，除法律另有规定或者当事人另有约定的以外，该标的物的知识产权不属于买受人。

第一百三十八条　出卖人应当按照约定的期限交付标的物。

约定交付期间的，出卖人可以在该交付期间内的任何时间交付。

第一百三十九条 当事人没有约定标的物的交付期限或者约定不明确的，适用本法第六十一条、第六十二条第四项的规定。

第一百四十条 标的物在订立合同之前已为买受人占有的，合同生效的时间为交付时间。

第一百四十一条 出卖人应当按照约定的地点交付标的物。

当事人没有约定交付地点或者约定不明确，依照本法第六十一条的规定仍不能确定的，适用下列规定：

（一）标的物需要运输的，出卖人应当将标的物交付给第一承运人以运交给买受人；

（二）标的物不需要运输，出卖人和买受人订立合同时知道标的物在某一地点的，出卖人应当在该地点交付标的物；不知道标的物在某一地点的，应当在出卖人订立合同时的营业地交付标的物。

第一百四十二条 标的物毁损、灭失的风险，在标的物交付之前由出卖人承担，交付之后由买受人承担，但法律另有规定或者当事人另有约定的除外。

第一百四十三条 因买受人的原因致使标的物不能按照约定的期限交付的，买受人应当自违反约定之日起承担标的物毁损、灭失的风险。

第一百四十四条 出卖人出卖交由承运人运输的在途标的物，除当事人另有约定的以外，毁损、灭失的风险自合同成立时起由买受人承担。

第一百四十五条 当事人没有约定交付地点或者约定不明确，依照本法第一百四十一条第二款第一项的规定标的物需要运输的，出卖人将标的物交付给第一承运人后，标的物毁损、灭失的风险由买受人承担。

第一百四十六条 出卖人按照约定或者依照本法第一百四十一条第二款第二项的规定将标的物置于交付地点，买受人违反约定没有收取的，标的物毁损、灭失的风险自违反约定之日起由买受人承担。

第一百四十七条 出卖人按照约定未交付有关标的物的单证和资料的，不影响标的物毁损、灭失风险的转移。

第一百四十八条 因标的物质量不符合质量要求，致使不能实现合同目的的，买受人可以拒绝接受标的物或者解除合同。买受人拒绝接受标的物或者解除合同的，标的物毁损、灭失的风险由出卖人承担。

第一百四十九条 标的物毁损、灭失的风险由买受人承担的，不影响因出卖人履行债务不符合约定，买受人要求其承担违约责任的权利。

第一百五十条 出卖人就交付的标的物，负有保证第三人不得向买受人主张任何权利的义务，但法律另有规定的除外。

第一百五十一条 买受人订立合同时知道或者应当知道第三人对买卖的标的物享有权利的，出卖人不承担本法第一百五十条规定的义务。

第一百五十二条 买受人有确切证据证明第三人可能就标的物主张权利的，可以中止支付相应的价款，但出卖人提供适当担保的除外。

第一百五十三条 出卖人应当按照约定的质量要求交付标的物。出卖人提供有关标的物质量说明的，交付的标的物应当符合该说明的质量要求。

第一百五十四条 当事人对标的物的质量要求没有约定或者约定不明确,依照本法第六十一条的规定仍不能确定的,适用本法第六十二条第一项的规定。

第一百五十五条 出卖人交付的标的物不符合质量要求的,买受人可以依照本法第一百一十一条的规定要求承担违约责任。

第一百五十六条 出卖人应当按照约定的包装方式交付标的物。对包装方式没有约定或者约定不明确,依照本法第六十一条的规定仍不能确定的,应当按照通用的方式包装,没有通用方式的,应当采取足以保护标的物的包装方式。

第一百五十七条 买受人收到标的物时应当在约定的检验期间内检验。没有约定检验期间的,应当及时检验。

第一百五十八条 当事人约定检验期间的,买受人应当在检验期间内将标的物的数量或者质量不符合约定的情形通知出卖人。买受人怠于通知的,视为标的物的数量或者质量符合约定。

当事人没有约定检验期间的,买受人应当在发现或者应当发现标的物的数量或者质量不符合约定的合理期间内通知出卖人。买受人在合理期间内未通知或者自标的物收到之日起两年内未通知出卖人的,视为标的物的数量或者质量符合约定,但对标的物有质量保证期的,适用质量保证期,不适用该两年的规定。

出卖人知道或者应当知道提供的标的物不符合约定的,买受人不受前两款规定的通知时间的限制。

第一百五十九条 买受人应当按照约定的数额支付价款。对价款没有约定或者约定不明确的,适用本法第六十一条、第六十二条第二项的规定。

第一百六十条　买受人应当按照约定的地点支付价款。对支付地点没有约定或者约定不明确，依照本法第六十一条的规定仍不能确定的，买受人应当在出卖人的营业地支付，但约定支付价款以交付标的物或者交付提取标的物单证为条件的，在交付标的物或者交付提取标的物单证的所在地支付。

第一百六十一条　买受人应当按照约定的时间支付价款。对支付时间没有约定或者约定不明确，依照本法第六十一条的规定仍不能确定的，买受人应当在收到标的物或者提取标的物单证的同时支付。

第一百六十二条　出卖人多交标的物的，买受人可以接收或者拒绝接收多交的部分。买受人接收多交部分的，按照合同的价格支付价款；买受人拒绝接收多交部分的，应当及时通知出卖人。

第一百六十三条　标的物在交付之前产生的孳息，归出卖人所有，交付之后产生的孳息，归买受人所有。

第一百六十四条　因标的物的主物不符合约定而解除合同的，解除合同的效力及于从物。因标的物的从物不符合约定被解除的，解除的效力不及于主物。

第一百六十五条　标的物为数物，其中一物不符合约定的，买受人可以就该物解除，但该物与他物分离使标的物的价值显受损害的，当事人可以就数物解除合同。

第一百六十六条　出卖人分批交付标的物的，出卖人对其中一批标的物不交付或者交付不符合约定，致使该批标的物不能实现合同目的的，买受人可以就该批标的物解除。

出卖人不交付其中一批标的物或者交付不符合约定，致使今后其他各批标的物的交付不能实现合同目的的，买受人可以就该批以及今后其他各批标的物解除。

买受人如果就其中一批标的物解除,该批标的物与其他各批标的物相互依存的,可以就已经交付和未交付的各批标的物解除。

第一百六十七条 分期付款的买受人未支付到期价款的金额达到全部价款的五分之一的,出卖人可以要求买受人支付全部价款或者解除合同。出卖人解除合同的,可以向买受人要求支付该标的物的使用费。

第一百六十八条 凭样品买卖的当事人应当封存样品,并可以对样品质量予以说明。出卖人交付的标的物应当与样品及其说明的质量相同。

第一百六十九条 凭样品买卖的买受人不知道样品有隐蔽瑕疵的,即使交付的标的物与样品相同,出卖人交付的标的物的质量仍然应当符合同种物的通常标准。

第一百七十条 试用买卖的当事人可以约定标的物的试用期间。对试用期间没有约定或者约定不明确,依照本法第六十一条的规定仍不能确定的,由出卖人确定。

第一百七十一条 试用买卖的买受人在试用期内可以购买标的物,也可以拒绝购买。试用期间届满,买受人对是否购买标的物未作表示的,视为购买。

第一百七十二条 招标投标买卖的当事人的权利和义务以及招标投标程序等,依照有关法律、行政法规的规定。

第一百七十三条 拍卖的当事人的权利和义务以及拍卖程序等,依照有关法律、行政法规的规定。

第一百七十四条 法律对其他有偿合同有规定的,依照其规定;没有规定的,参照买卖合同的有关规定。

第一百七十五条 当事人约定易货交易,转移标的物的所有权的,参照买卖合同的有关规定。

第十章 供用电、水、气、热力合同

第一百七十六条 供用电合同是供电人向用电人供电，用电人支付电费的合同。

第一百七十七条 供用电合同的内容包括供电的方式、质量、时间，用电容量、地址、性质，计量方式，电价、电费的结算方式，供用电设施的维护责任等条款。

第一百七十八条 供用电合同的履行地点，按照当事人约定；当事人没有约定或者约定不明确的，供电设施的产权分界处为履行地点。

第一百七十九条 供电人应当按照国家规定的供电质量标准和约定安全供电。供电人未按照国家规定的供电质量标准和约定安全供电，造成用电人损失的，应当承担损害赔偿责任。

第一百八十条 供电人因供电设施计划检修、临时检修、依法限电或者用电人违法用电等原因，需要中断供电时，应当按照国家有关规定事先通知用电人。未事先通知用电人中断供电，造成用电人损失的，应当承担损害赔偿责任。

第一百八十一条 因自然灾害等原因断电，供电人应当按照国家有关规定及时抢修。未及时抢修，造成用电人损失的，应当承担损害赔偿责任。

第一百八十二条 用电人应当按照国家有关规定和当事人的约定及时交付电费。用电人逾期不交付电费的，应当按照约定支付违约金。经催告用电人在合理期限内仍不交付电费和违约金的，供电人可以按照国家规定的程序中止供电。

第一百八十三条 用电人应当按照国家有关规定和当事人的约定安全用电。用电人未按照国家有关规定和当事人的约定安全用电,造成供电人损失的,应当承担损害赔偿责任。

第一百八十四条 供用水、供用气、供用热力合同,参照供用电合同的有关规定。

第十一章 赠与合同

第一百八十五条 赠与合同是赠与人将自己的财产无偿给予受赠人,受赠人表示接受赠与的合同。

第一百八十六条 赠与人在赠与财产的权利转移之前可以撤销赠与。

具有救灾、扶贫等社会公益、道德义务性质的赠与合同或者经过公证的赠与合同,不适用前款规定。

第一百八十七条 赠与的财产依法需要办理登记等手续的,应当办理有关手续。

第一百八十八条 具有救灾、扶贫等社会公益、道德义务性质的赠与合同或者经过公证的赠与合同,赠与人不交付赠与的财产的,受赠人可以要求交付。

第一百八十九条 因赠与人故意或者重大过失致使赠与的财产毁损、灭失的,赠与人应当承担损害赔偿责任。

第一百九十条 赠与可以附义务。

赠与附义务的,受赠人应当按照约定履行义务。

第一百九十一条 赠与的财产有瑕疵的,赠与人不承担责任。附义务的赠与,赠与的财产有瑕疵的,赠与人在附义务的限度内承担与出卖人相同的责任。

赠与人故意不告知瑕疵或者保证无瑕疵,造成受赠人损失的,应当承担损害赔偿责任。

第一百九十二条 受赠人有下列情形之一的,赠与人可以撤销赠与：

（一）严重侵害赠与人或者赠与人的近亲属；

（二）对赠与人有扶养义务而不履行；

（三）不履行赠与合同约定的义务。

赠与人的撤销权，自知道或者应当知道撤销原因之日起一年内行使。

第一百九十三条 因受赠人的违法行为致使赠与人死亡或者丧失民事行为能力的，赠与人的继承人或者法定代理人可以撤销赠与。

赠与人的继承人或者法定代理人的撤销权，自知道或者应当知道撤销原因之日起六个月内行使。

第一百九十四条 撤销权人撤销赠与的，可以向受赠人要求返还赠与的财产。

第一百九十五条 赠与人的经济状况显著恶化，严重影响其生产经营或者家庭生活的，可以不再履行赠与义务。

第十二章 借款合同

第一百九十六条 借款合同是借款人向贷款人借款，到期返还借款并支付利息的合同。

第一百九十七条 借款合同采用书面形式，但自然人之间借款另有约定的除外。

借款合同的内容包括借款种类、币种、用途、数额、利率、期限和还款方式等条款。

第一百九十八条 订立借款合同，贷款人可以要求借款人提供担保。担保依照《中华人民共和国担保法》的规定。

第一百九十九条 订立借款合同，借款人应当按照贷款人的要求提供与借款有关的业务活动和财务状况的真实情况。

第二百条　借款的利息不得预先在本金中扣除。利息预先在本金中扣除的，应当按照实际借款数额返还借款并计算利息。

第二百零一条　贷款人未按照约定的日期、数额提供借款，造成借款人损失的，应当赔偿损失。

借款人未按照约定的日期、数额收取借款的，应当按照约定的日期、数额支付利息。

第二百零二条　贷款人按照约定可以检查、监督借款的使用情况。借款人应当按照约定向贷款人定期提供有关财务会计报表等资料。

第二百零三条　借款人未按照约定的借款用途使用借款的，贷款人可以停止发放借款、提前收回借款或者解除合同。

第二百零四条　办理贷款业务的金融机构贷款的利率，应当按照中国人民银行规定的贷款利率的上下限确定。

第二百零五条　借款人应当按照约定的期限支付利息。对支付利息的期限没有约定或者约定不明确，依照本法第六十一条的规定仍不能确定，借款期间不满一年的，应当在返还借款时一并支付；借款期间一年以上的，应当在每届满一年时支付，剩余期间不满一年的，应当在返还借款时一并支付。

第二百零六条　借款人应当按照约定的期限返还借款。对借款期限没有约定或者约定不明确，依照本法第六十一条的规定仍不能确定的，借款人可以随时返还；贷款人可以催告借款人在合理期限内返还。

第二百零七条　借款人未按照约定的期限返还借款的，应当按照约定或者国家有关规定支付逾期利息。

第二百零八条　借款人提前偿还借款的，除当事人另有约定的以外，应当按照实际借款的期间计算利息。

第二百零九条 借款人可以在还款期限届满之前向贷款人申请展期。贷款人同意的，可以展期。

第二百一十条 自然人之间的借款合同，自贷款人提供借款时生效。

第二百一十一条 自然人之间的借款合同对支付利息没有约定或者约定不明确的，视为不支付利息。

自然人之间的借款合同约定支付利息的，借款的利率不得违反国家有关限制借款利率的规定。

第十三章　租赁合同

第二百一十二条 租赁合同是出租人将租赁物交付承租人使用、收益，承租人支付租金的合同。

第二百一十三条 租赁合同的内容包括租赁物的名称、数量、用途、租赁期限、租金及其支付期限和方式、租赁物维修等条款。

第二百一十四条 租赁期限不得超过二十年。超过二十年的，超过部分无效。

租赁期间届满，当事人可以续订租赁合同，但约定的租赁期限自续订之日起不得超过二十年。

第二百一十五条 租赁期限六个月以上的，应当采用书面形式。当事人未采用书面形式的，视为不定期租赁。

第二百一十六条 出租人应当按照约定将租赁物交付承租人，并在租赁期间保持租赁物符合约定的用途。

第二百一十七条 承租人应当按照约定的方法使用租赁物。对租赁物的使用方法没有约定或者约定不明确，依照本法第六十一条的规定仍不能确定的，应当按照租赁物的性质使用。

第二百一十八条　承租人按照约定的方法或者租赁物的性质使用租赁物，致使租赁物受到损耗的，不承担损害赔偿责任。

第二百一十九条　承租人未按照约定的方法或者租赁物的性质使用租赁物，致使租赁物受到损失的，出租人可以解除合同并要求赔偿损失。

第二百二十条　出租人应当履行租赁物的维修义务，但当事人另有约定的除外。

第二百二十一条　承租人在租赁物需要维修时可以要求出租人在合理期限内维修。

出租人未履行维修义务的，承租人可以自行维修，维修费用由出租人负担。因维修租赁物影响承租人使用的，应当相应减少租金或者延长租期。

第二百二十二条　承租人应当妥善保管租赁物，因保管不善造成租赁物毁损、灭失的，应当承担损害赔偿责任。

第二百二十三条　承租人经出租人同意，可以对租赁物进行改善或者增设他物。

承租人未经出租人同意，对租赁物进行改善或者增设他物的，出租人可以要求承租人恢复原状或者赔偿损失。

第二百二十四条　承租人经出租人同意，可以将租赁物转租给第三人。承租人转租的，承租人与出租人之间的租赁合同继续有效，第三人对租赁物造成损失的，承租人应当赔偿损失。

承租人未经出租人同意转租的，出租人可以解除合同。

第二百二十五条　在租赁期间因占有、使用租赁物获得的收益，归承租人所有，但当事人另有约定的除外。

第二百二十六条　承租人应当按照约定的期限支付租金。对支付期限没有约定或者约定不明确，依照本法第六十一条的规定仍不能确定，租赁期间不满一年的，应当在租赁期间届满时支付；租赁期间一年以上的，应当在每届满一年时支付，剩余期间不满一年的，应当在租赁期间届满时支付。

第二百二十七条 承租人无正当理由未支付或者迟延支付租金的，出租人可以要求承租人在合理期限内支付。承租人逾期不支付的，出租人可以解除合同。

第二百二十八条 因第三人主张权利，致使承租人不能对租赁物使用、收益的，承租人可以要求减少租金或者不支付租金。

第三人主张权利的，承租人应当及时通知出租人。

第二百二十九条 租赁物在租赁期间发生所有权变动的，不影响租赁合同的效力。

第二百三十条 出租人出卖租赁房屋的，应当在出卖之前的合理期限内通知承租人，承租人享有以同等条件优先购买的权利。

第二百三十一条 因不可归责于承租人的事由，致使租赁物部分或者全部毁损、灭失的，承租人可以要求减少租金或者不支付租金；因租赁物部分或者全部毁损、灭失，致使不能实现合同目的的，承租人可以解除合同。

第二百三十二条 当事人对租赁期限没有约定或者约定不明确，依照本法第六十一条的规定仍不能确定的，视为不定期租赁。当事人可以随时解除合同，但出租人解除合同应当在合理期限之前通知承租人。

第二百三十三条 租赁物危及承租人的安全或者健康的，即使承租人订立合同时明知该租赁物质量不合格，承租人仍然可以随时解除合同。

第二百三十四条 承租人在房屋租赁期间死亡的，与其生前共同居住的人可以按照原租赁合同租赁该房屋。

第二百三十五条 租赁期间届满，承租人应当返还租赁物。返还的租赁物应当符合按照约定或者租赁物的性质使用后的状态。

第二百三十六条　租赁期间届满，承租人继续使用租赁物，出租人没有提出异议的，原租赁合同继续有效，但租赁期限为不定期。

第十四章　融资租赁合同

第二百三十七条　融资租赁合同是出租人根据承租人对出卖人、租赁物的选择，向出卖人购买租赁物，提供给承租人使用，承租人支付租金的合同。

第二百三十八条　融资租赁合同的内容包括租赁物名称、数量、规格、技术性能、检验方法、租赁期限、租金构成及其支付期限和方式、币种、租赁期间届满租赁物的归属等条款。

融资租赁合同应当采用书面形式。

第二百三十九条　出租人根据承租人对出卖人、租赁物的选择订立的买卖合同，出卖人应当按照约定向承租人交付标的物，承租人享有与受领标的物有关的买受人的权利。

第二百四十条　出租人、出卖人、承租人可以约定，出卖人不履行买卖合同义务的，由承租人行使索赔的权利。承租人行使索赔权利的，出租人应当协助。

第二百四十一条　出租人根据承租人对出卖人、租赁物的选择订立的买卖合同，未经承租人同意，出租人不得变更与承租人有关的合同内容。

第二百四十二条　出租人享有租赁物的所有权。承租人破产的，租赁物不属于破产财产。

第二百四十三条　融资租赁合同的租金，除当事人另有约定以外，应当根据购买租赁物的大部分或者全部成本以及出租人的合理利润确定。

第二百四十四条 租赁物不符合约定或者不符合使用目的的，出租人不承担责任，但承租人依赖出租人的技能确定租赁物或者出租人干预选择租赁物的除外。

第二百四十五条 出租人应当保证承租人对租赁物的占有和使用。

第二百四十六条 承租人占有租赁物期间，租赁物造成第三人的人身伤害或者财产损害的，出租人不承担责任。

第二百四十七条 承租人应当妥善保管、使用租赁物。承租人应当履行占有租赁物期间的维修义务。

第二百四十八条 承租人应当按照约定支付租金。承租人经催告后在合理期限内仍不支付租金的，出租人可以要求支付全部租金；也可以解除合同，收回租赁物。

第二百四十九条 当事人约定租赁期间届满租赁物归承租人所有，承租人已经支付大部分租金，但无力支付剩余租金，出租人因此解除合同收回租赁物的，收回的租赁物的价值超过承租人欠付的租金以及其他费用的，承租人可以要求部分返还。

第二百五十条 出租人和承租人可以约定租赁期间届满租赁物的归属。对租赁物的归属没有约定或者约定不明确，依照本法第六十一条的规定仍不能确定的，租赁物的所有权归出租人。

第十五章 承揽合同

第二百五十一条 承揽合同是承揽人按照定作人的要求完成工作，交付工作成果，定作人给付报酬的合同。

承揽包括加工、定作、修理、复制、测试、检验等工作。

第二百五十二条 承揽合同的内容包括承揽的标的、数量、质量、报酬、承揽方式、材料的提供、履行期限、验收标准和方法等条款。

　　第二百五十三条　承揽人应当以自己的设备、技术和劳力，完成主要工作，但当事人另有约定的除外。

　　承揽人将其承揽的主要工作交由第三人完成的，应当就该第三人完成的工作成果向定作人负责；未经定作人同意的，定作人也可以解除合同。

　　第二百五十四条　承揽人可以将其承揽的辅助工作交由第三人完成。承揽人将其承揽的辅助工作交由第三人完成的，应当就该第三人完成的工作成果向定作人负责。

　　第二百五十五条　承揽人提供材料的，承揽人应当按照约定选用材料，并接受定作人检验。

　　第二百五十六条　定作人提供材料的，定作人应当按照约定提供材料。承揽人对定作人提供的材料，应当及时检验，发现不符合约定时，应当及时通知定作人更换、补齐或者采取其他补救措施。

　　承揽人不得擅自更换定作人提供的材料，不得更换不需要修理的零部件。

　　第二百五十七条　承揽人发现定作人提供的图纸或者技术要求不合理的，应当及时通知定作人。因定作人怠于答复等原因造成承揽人损失的，应当赔偿损失。

　　第二百五十八条　定作人中途变更承揽工作的要求，造成承揽人损失的，应当赔偿损失。

　　第二百五十九条　承揽工作需要定作人协助的，定作人有协助的义务。定作人不履行协助义务致使承揽工作不能完成的，承揽人可以催告定作人在合理期限内履行义务，并可以顺延履行期限；定作人逾期不履行的，承揽人可以解除合同。

　　第二百六十条　承揽人在工作期间，应当接受定作人必要的监督检验。定作人不得因监督检验妨碍承揽人的正常工作。

第二百六十一条　承揽人完成工作的,应当向定作人交付工作成果,并提交必要的技术资料和有关质量证明。定作人应当验收该工作成果。

第二百六十二条　承揽人交付的工作成果不符合质量要求的,定作人可以要求承揽人承担修理、重作、减少报酬、赔偿损失等违约责任。

第二百六十三条　定作人应当按照约定的期限支付报酬。对支付报酬的期限没有约定或者约定不明确,依照本法第六十一条的规定仍不能确定的,定作人应当在承揽人交付工作成果时支付;工作成果部分交付的,定作人应当相应支付。

第二百六十四条　定作人未向承揽人支付报酬或者材料费等价款的,承揽人对完成的工作成果享有留置权,但当事人另有约定的除外。

第二百六十五条　承揽人应当妥善保管定作人提供的材料以及完成的工作成果,因保管不善造成毁损、灭失的,应当承担损害赔偿责任。

第二百六十六条　承揽人应当按照定作人的要求保守秘密,未经定作人许可,不得留存复制品或者技术资料。

第二百六十七条　共同承揽人对定作人承担连带责任,但当事人另有约定的除外。

第二百六十八条　定作人可以随时解除承揽合同,造成承揽人损失的,应当赔偿损失。

第十六章　建设工程合同

第二百六十九条　建设工程合同是承包人进行工程建设,

发包人支付价款的合同。

建设工程合同包括工程勘察、设计、施工合同。

第二百七十条 建设工程合同应当采用书面形式。

第二百七十一条 建设工程的招标投标活动,应当依照有关法律的规定公开、公平、公正进行。

第二百七十二条 发包人可以与总承包人订立建设工程合同,也可以分别与勘察人、设计人、施工人订立勘察、设计、施工承包合同。发包人不得将应当由一个承包人完成的建设工程肢解成若干部分发包给几个承包人。

总承包人或者勘察、设计、施工承包人经发包人同意,可以将自己承包的部分工作交由第三人完成。第三人就其完成的工作成果与总承包人或者勘察、设计、施工承包人向发包人承担连带责任。承包人不得将其承包的全部建设工程转包给第三人或者将其承包的全部建设工程肢解以后以分包的名义分别转包给第三人。禁止承包人将工程分包给不具备相应资质条件的单位。禁止分包单位将其承包的工程再分包。建设工程主体结构的施工必须由承包人自行完成。

第二百七十三条 国家重大建设工程合同,应当按照国家规定的程序和国家批准的投资计划、可行性研究报告等文件订立。

第二百七十四条 勘察、设计合同的内容包括提交有关基础资料和文件(包括概预算)的期限、质量要求、费用以及其他协作条件等条款。

第二百七十五条 施工合同的内容包括工程范围、建设工期、中间交工工程的开工和竣工时间、工程质量、工程造价、技术资料交付时间、材料和设备供应责任、拨款和结算、竣工验收、质量保修范围和质量保证期、双方相互协作等条款。

第二百七十六条 建设工程实行监理的,发包人应当与监理人采用书面形式订立委托监理合同。发包人与监理人的权利和义务以及法律责任，应当依照本法委托合同以及其他有关法律、行政法规的规定。

第二百七十七条　发包人在不妨碍承包人正常作业的情况下，可以随时对作业进度、质量进行检查。

第二百七十八条　隐蔽工程在隐蔽以前，承包人应当通知发包人检查。发包人没有及时检查的，承包人可以顺延工程日期，并有权要求赔偿停工、窝工等损失。

第二百七十九条　建设工程竣工后，发包人应当根据施工图纸及说明书、国家颁发的施工验收规范和质量检验标准及时进行验收。验收合格的，发包人应当按照约定支付价款，并接收该建设工程。

建设工程竣工经验收合格后，方可交付使用；未经验收或者验收不合格的，不得交付使用。

第二百八十条　勘察、设计的质量不符合要求或者未按照期限提交勘察、设计文件拖延工期，造成发包人损失的，勘察人、设计人应当继续完善勘察、设计，减收或者免收勘察、设计费并赔偿损失。

第二百八十一条　因施工人的原因致使建设工程质量不符合约定的，发包人有权要求施工人在合理期限内无偿修理或者返工、改建。经过修理或者返工、改建后，造成逾期交付的，施工人应当承担违约责任。

第二百八十二条　因承包人的原因致使建设工程在合理使用期限内造成人身和财产损害的，承包人应当承担损害赔偿责任。

第二百八十三条　发包人未按照约定的时间和要求提供原材料、设备、场地、资金、技术资料的，承包人可以顺延工程日期，并有权要求赔偿停工、窝工等损失。

第二百八十四条 因发包人的原因致使工程中途停建、缓建的，发包人应当采取措施弥补或者减少损失，赔偿承包人因此造成的停工、窝工、倒运、机械设备调迁、材料和构件积压等损失和实际费用。

第二百八十五条 因发包人变更计划，提供的资料不准确，或者未按照期限提供必需的勘察、设计工作条件而造成勘察、设计的返工、停工或者修改设计，发包人应当按照勘察人、设计人实际消耗的工作量增付费用。

第二百八十六条 发包人未按照约定支付价款的，承包人可以催告发包人在合理期限内支付价款。发包人逾期不支付的，除按照建设工程的性质不宜折价、拍卖的以外，承包人可以与发包人协议将该工程折价，也可以申请人民法院将该工程依法拍卖。建设工程的价款就该工程折价或者拍卖的价款优先受偿。

第二百八十七条 本章没有规定的，适用承揽合同的有关规定。

第十七章 运输合同

第一节 一般规定

第二百八十八条 运输合同是承运人将旅客或者货物从起运地点运输到约定地点，旅客、托运人或者收货人支付票款或者运输费用的合同。

第二百八十九条 从事公共运输的承运人不得拒绝旅客、托运人通常、合理的运输要求。

第二百九十条 承运人应当在约定期间或者合理期间内将旅客、货物安全运输到约定地点。

第二百九十一条 承运人应当按照约定的或者通常的运输路线将旅客、货物运输到约定地点。

第二百九十二条 旅客、托运人或者收货人应当支付票款或者运输费用。承运人未按照约定路线或者通常路线运输增加票款或者运输费用的,旅客、托运人或者收货人可以拒绝支付增加部分的票款或者运输费用。

第二节 客运合同

第二百九十三条 客运合同自承运人向旅客交付客票时成立,但当事人另有约定或者另有交易习惯的除外。

第二百九十四条 旅客应当持有效客票乘运。旅客无票乘运、超程乘运、越级乘运或者持失效客票乘运的,应当补交票款,承运人可以按照规定加收票款。旅客不交付票款的,承运人可以拒绝运输。

第二百九十五条 旅客因自己的原因不能按照客票记载的时间乘坐的,应当在约定的时间内办理退票或者变更手续。逾期办理的,承运人可以不退票款,并不再承担运输义务。

第二百九十六条 旅客在运输中应当按照约定的限量携带行李。超过限量携带行李的,应当办理托运手续。

第二百九十七条 旅客不得随身携带或者在行李中夹带易燃、易爆、有毒、有腐蚀性、有放射性以及有可能危及运输工具上人身和财产安全的危险物品或者其他违禁物品。

旅客违反前款规定的,承运人可以将违禁物品卸下、销毁或者送交有关部门。旅客坚持携带或者夹带违禁物品的,承运人应当拒绝运输。

第二百九十八条 承运人应当向旅客及时告知有关不能正常运输的重要事由和安全运输应当注意的事项。

第二百九十九条 承运人应当按照客票载明的时间和班次运输旅客。承运人迟延运输的,应当根据旅客的要求安排改乘其他班次或者退票。

第三百条 承运人擅自变更运输工具而降低服务标准的,应当根据旅客的要求退票或者减收票款;提高服务标准的,不应当加收票款。

第三百零一条 承运人在运输过程中,应当尽力救助患有急病、分娩、遇险的旅客。

第三百零二条 承运人应当对运输过程中旅客的伤亡承担损害赔偿责任,但伤亡是旅客自身健康原因造成的或者承运人证明伤亡是旅客故意、重大过失造成的除外。

前款规定适用于按照规定免票、持优待票或者经承运人许可搭乘的无票旅客。

第三百零三条 在运输过程中旅客自带物品毁损、灭失,承运人有过错的,应当承担损害赔偿责任。

旅客托运的行李毁损、灭失的,适用货物运输的有关规定。

第三节 货运合同

第三百零四条 托运人办理货物运输,应当向承运人准确表明收货人的名称或者姓名或者凭指示的收货人,货物的名称、性质、重量、数量,收货地点等有关货物运输的必要情况。

因托运人申报不实或者遗漏重要情况,造成承运人损失的,托运人应当承担损害赔偿责任。

第三百零五条 货物运输需要办理审批、检验等手续的,托运人应当将办理完有关手续的文件提交承运人。

第三百零六条 托运人应当按照约定的方式包装货物。对包装方式没有约定或者约定不明确的,适用本法第一百五十六条的规定。

托运人违反前款规定的，承运人可以拒绝运输。

第三百零七条 托运人托运易燃、易爆、有毒、有腐蚀性、有放射性等危险物品的，应当按照国家有关危险物品运输的规定对危险物品妥善包装，作出危险物标志和标签，并将有关危险物品的名称、性质和防范措施的书面材料提交承运人。

托运人违反前款规定的，承运人可以拒绝运输，也可以采取相应措施以避免损失的发生，因此产生的费用由托运人承担。

第三百零八条 在承运人将货物交付收货人之前，托运人可以要求承运人中止运输、返还货物、变更到达地或者将货物交给其他收货人，但应当赔偿承运人因此受到的损失。

第三百零九条 货物运输到达后，承运人知道收货人的，应当及时通知收货人，收货人应当及时提货。收货人逾期提货的，应当向承运人支付保管费等费用。

第三百一十条 收货人提货时应当按照约定的期限检验货物。对检验货物的期限没有约定或者约定不明确，依照本法第六十一条的规定仍不能确定的，应当在合理期限内检验货物。收货人在约定的期限或者合理期限内对货物的数量、毁损等未提出异议的，视为承运人已经按照运输单证的记载交付的初步证据。

第三百一十一条 承运人对运输过程中货物的毁损、灭失承担损害赔偿责任，但承运人证明货物的毁损、灭失是因不可抗力、货物本身的自然性质或者合理损耗以及托运人、收货人的过错造成的，不承担损害赔偿责任。

第三百一十二条 货物的毁损、灭失的赔偿额，当事人有约定的，按照其约定；没有约定或者约定不明确，依照本法第六十一条的规定仍不能确定的，按照交付或者应当交付时货物到达地的市场价格计算。法律、行政法规对赔偿额的计算方法和赔偿限额另有规定的,依照其规定。

第三百一十三条 两个以上承运人以同一运输方式联运的,与托运人订立合同的承运人应当对全程运输承担责任。损失发生在某一运输区段的,与托运人订立合同的承运人和该区段的承运人承担连带责任。

第三百一十四条 货物在运输过程中因不可抗力灭失,未收取运费的,承运人不得要求支付运费;已收取运费的,托运人可以要求返还。

第三百一十五条 托运人或者收货人不支付运费、保管费以及其他运输费用的,承运人对相应的运输货物享有留置权,但当事人另有约定的除外。

第三百一十六条 收货人不明或者收货人无正当理由拒绝受领货物的,依照本法第一百零一条的规定,承运人可以提存货物。

第四节 多式联运合同

第三百一十七条 多式联运经营人负责履行或者组织履行多式联运合同,对全程运输享有承运人的权利,承担承运人的义务。

第三百一十八条 多式联运经营人可以与参加多式联运的各区段承运人就多式联运合同的各区段运输约定相互之间的责任,但该约定不影响多式联运经营人对全程运输承担的义务。

第三百一十九条 多式联运经营人收到托运人交付的货物时,应当签发多式联运单据。按照托运人的要求,多式联运单据可以是可转让单据,也可以是不可转让单据。

第三百二十条 因托运人托运货物时的过错造成多式联运经营人损失的,即使托运人已经转让多式联运单据,托运人仍然应当承担损害赔偿责任。

第三百二十一条　货物的毁损、灭失发生于多式联运的某一运输区段的，多式联运经营人的赔偿责任和责任限额，适用调整该区段运输方式的有关法律规定。货物毁损、灭失发生的运输区段不能确定的，依照本章规定承担损害赔偿责任。

第十八章　技术合同

第一节　一般规定

第三百二十二条　技术合同是当事人就技术开发、转让、咨询或者服务订立的确立相互之间权利和义务的合同。

第三百二十三条　订立技术合同，应当有利于科学技术的进步，加速科学技术成果的转化、应用和推广。

第三百二十四条　技术合同的内容由当事人约定，一般包括以下条款：

（一）项目名称；

（二）标的的内容、范围和要求；

（三）履行的计划、进度、期限、地点、地域和方式；

（四）技术情报和资料的保密；

（五）风险责任的承担；

（六）技术成果的归属和收益的分成办法；

（七）验收标准和方法；

（八）价款、报酬或者使用费及其支付方式；

（九）违约金或者损失赔偿的计算方法；

（十）解决争议的方法；

（十一）名词和术语的解释。

与履行合同有关的技术背景资料、可行性论证和技术评价报告、项目任务书和计划书、技术标准、技术规范、原始设计和工艺文件,以及其他技术文档,按照当事人的约定可以作为合同的组成部分。

技术合同涉及专利的,应当注明发明创造的名称、专利申请人和专利权人、申请日期、申请号、专利号以及专利权的有效期限。

第三百二十五条 技术合同价款、报酬或者使用费的支付方式由当事人约定,可以采取一次总算、一次总付或者一次总算、分期支付,也可以采取提成支付或者提成支付附加预付入门费的方式。

约定提成支付的,可以按照产品价格、实施专利和使用技术秘密后新增的产值、利润或者产品销售额的一定比例提成,也可以按照约定的其他方式计算。提成支付的比例可以采取固定比例、逐年递增比例或者逐年递减比例。

约定提成支付的,当事人应当在合同中约定查阅有关会计帐目的办法。

第三百二十六条 职务技术成果的使用权、转让权属于法人或者其他组织的,法人或者其他组织可以就该项职务技术成果订立技术合同。法人或者其他组织应当从使用和转让该项职务技术成果所取得的收益中提取一定比例,对完成该项职务技术成果的个人给予奖励或者报酬。法人或者其他组织订立技术合同转让职务技术成果时,职务技术成果的完成人享有以同等条件优先受让的权利。

职务技术成果是执行法人或者其他组织的工作任务,或者主要是利用法人或者其他组织的物质技术条件所完成的技术成果。

第三百二十七条 非职务技术成果的使用权、转让权属于完成技术成果的个人,完成技术成果的个人可以就该项非职务技术成果订立技术合同。

第三百二十八条 完成技术成果的个人有在有关技术成果文件上写明自己是技术成果完成者的权利和取得荣誉证书、奖励的权利。

第三百二十九条 非法垄断技术、妨碍技术进步或者侵害他人技术成果的技术合同无效。

第二节 技术开发合同

第三百三十条 技术开发合同是指当事人之间就新技术、新产品、新工艺或者新材料及其系统的研究开发所订立的合同。

技术开发合同包括委托开发合同和合作开发合同。

技术开发合同应当采用书面形式。

当事人之间就具有产业应用价值的科技成果实施转化订立的合同，参照技术开发合同的规定。

第三百三十一条 委托开发合同的委托人应当按照约定支付研究开发经费和报酬；提供技术资料、原始数据；完成协作事项；接受研究开发成果。

第三百三十二条 委托开发合同的研究开发人应当按照约定制定和实施研究开发计划；合理使用研究开发经费；按期完成研究开发工作，交付研究开发成果，提供有关的技术资料和必要的技术指导，帮助委托人掌握研究开发成果。

第三百三十三条 委托人违反约定造成研究开发工作停滞、延误或者失败的，应当承担违约责任。

第三百三十四条 研究开发人违反约定造成研究开发工作停滞、延误或者失败的，应当承担违约责任。

第三百三十五条 合作开发合同的当事人应当按照约定进行投资，包括以技术进行投资；分工参与研究开发工作；协作配合研究开发工作。

第三百三十六条 合作开发合同的当事人违反约定造成研究开发工作停滞、延误或者失败的，应当承担违约责任。

第三百三十七条 因作为技术开发合同标的的技术已经由他人公开，致使技术开发合同的履行没有意义的，当事人可以解除合同。

第三百三十八条 在技术开发合同履行过程中，因出现无法克服的技术困难，致使研究开发失败或者部分失败的，该风险责任由当事人约定。没有约定或者约定不明确，依照本法第六十一条的规定仍不能确定的，风险责任由当事人合理分担。

当事人一方发现前款规定的可能致使研究开发失败或者部分失败的情形时，应当及时通知另一方并采取适当措施减少损失。没有及时通知并采取适当措施，致使损失扩大的，应当就扩大的损失承担责任。

第三百三十九条 委托开发完成的发明创造，除当事人另有约定的以外，申请专利的权利属于研究开发人。研究开发人取得专利权的，委托人可以免费实施该专利。

研究开发人转让专利申请权的，委托人享有以同等条件优先受让的权利。

第三百四十条 合作开发完成的发明创造，除当事人另有约定的以外，申请专利的权利属于合作开发的当事人共有。当事人一方转让其共有的专利申请权的，其他各方享有以同等条件优先受让的权利。

合作开发的当事人一方声明放弃其共有的专利申请权的，可以由另一方单独申请或者由其他各方共同申请。申请人取得专利权的，放弃专利申请权的一方可以免费实施该专利。

合作开发的当事人一方不同意申请专利的，另一方或者其他各方不得申请专利。

第三百四十一条 委托开发或者合作开发完成的技术秘密成果的使用权、转让权以及利益的分配办法，由当事人约定。没有约定或者约定不明确，依照本法第六十一条的规定仍不能确定的，当事人均有使用和转让的权利，但委托开发的研究开发人不得在向委托人交付研究开发成果之前，将研究开发成果转让给第三人。

第三节 技术转让合同

第三百四十二条 技术转让合同包括专利权转让、专利申请权转让、技术秘密转让、专利实施许可合同。

技术转让合同应当采用书面形式。

第三百四十三条 技术转让合同可以约定让与人和受让人实施专利或者使用技术秘密的范围，但不得限制技术竞争和技术发展。

第三百四十四条 专利实施许可合同只在该专利权的存续期间内有效。专利权有效期限届满或者专利权被宣布无效的，专利权人不得就该专利与他人订立专利实施许可合同。

第三百四十五条 专利实施许可合同的让与人应当按照约定许可受让人实施专利，交付实施专利有关的技术资料，提供必要的技术指导。

第三百四十六条 专利实施许可合同的受让人应当按照约定实施专利，不得许可约定以外的第三人实施该专利；并按照约定支付使用费。

第三百四十七条 技术秘密转让合同的让与人应当按照约定提供技术资料，进行技术指导，保证技术的实用性、可靠性，承担保密义务。

第三百四十八条 技术秘密转让合同的受让人应当按照约定使用技术,支付使用费,承担保密义务。

第三百四十九条 技术转让合同的让与人应当保证自己是所提供的技术的合法拥有者,并保证所提供的技术完整、无误、有效,能够达到约定的目标。

第三百五十条 技术转让合同的受让人应当按照约定的范围和期限,对让与人提供的技术中尚未公开的秘密部分,承担保密义务。

第三百五十一条 让与人未按照约定转让技术的,应当返还部分或者全部使用费,并应当承担违约责任;实施专利或者使用技术秘密超越约定的范围的,违反约定擅自许可第三人实施该项专利或者使用该项技术秘密的,应当停止违约行为,承担违约责任;违反约定的保密义务的,应当承担违约责任。

第三百五十二条 受让人未按照约定支付使用费的,应当补交使用费并按照约定支付违约金;不补交使用费或者支付违约金的,应当停止实施专利或者使用技术秘密,交还技术资料,承担违约责任;实施专利或者使用技术秘密超越约定的范围的,未经让与人同意擅自许可第三人实施该专利或者使用该技术秘密的,应当停止违约行为,承担违约责任;违反约定的保密义务的,应当承担违约责任。

第三百五十三条 受让人按照约定实施专利、使用技术秘密侵害他人合法权益的,由让与人承担责任,但当事人另有约定的除外。

第三百五十四条 当事人可以按照互利的原则,在技术转让合同中约定实施专利、使用技术秘密后续改进的技术成果的分享办法。没有约定或者约定不明确,依照本法第六十一条的规定仍不能确定的,一方后续改进的技术成果,其他各方无权分享。

第三百五十五条 法律、行政法规对技术进出口合同或者专利、专利申请合同另有规定的，依照其规定。

第四节 技术咨询合同和技术服务合同

第三百五十六条 技术咨询合同包括就特定技术项目提供可行性论证、技术预测、专题技术调查、分析评价报告等合同。

技术服务合同是指当事人一方以技术知识为另一方解决特定技术问题所订立的合同，不包括建设工程合同和承揽合同。

第三百五十七条 技术咨询合同的委托人应当按照约定阐明咨询的问题，提供技术背景材料及有关技术资料、数据；接受受托人的工作成果，支付报酬。

第三百五十八条 技术咨询合同的受托人应当按照约定的期限完成咨询报告或者解答问题；提出的咨询报告应当达到约定的要求。

第三百五十九条 技术咨询合同的委托人未按照约定提供必要的资料和数据，影响工作进度和质量，不接受或者逾期接受工作成果的，支付的报酬不得追回，未支付的报酬应当支付。

技术咨询合同的受托人未按期提出咨询报告或者提出的咨询报告不符合约定的，应当承担减收或者免收报酬等违约责任。

技术咨询合同的委托人按照受托人符合约定要求的咨询报告和意见作出决策所造成的损失，由委托人承担，但当事人另有约定的除外。

第三百六十条 技术服务合同的委托人应当按照约定提供工作条件，完成配合事项；接受工作成果并支付报酬。

第三百六十一条 技术服务合同的受托人应当按照约定完成服务项目，解决技术问题，保证工作质量，并传授解决技术问题的知识。

第三百六十二条 技术服务合同的委托人不履行合同义务或者履行合同义务不符合约定,影响工作进度和质量,不接受或者逾期接受工作成果的,支付的报酬不得追回,未支付的报酬应当支付。

技术服务合同的受托人未按照合同约定完成服务工作的,应当承担免收报酬等违约责任。

第三百六十三条 在技术咨询合同、技术服务合同履行过程中,受托人利用委托人提供的技术资料和工作条件完成的新的技术成果,属于受托人。委托人利用受托人的工作成果完成的新的技术成果,属于委托人。当事人另有约定的,按照其约定。

第三百六十四条 法律、行政法规对技术中介合同、技术培训合同另有规定的,依照其规定。

第十九章 保管合同

第三百六十五条 保管合同是保管人保管寄存人交付的保管物,并返还该物的合同。

第三百六十六条 寄存人应当按照约定向保管人支付保管费。

当事人对保管费没有约定或者约定不明确,依照本法第六十一条的规定仍不能确定的,保管是无偿的。

第三百六十七条 保管合同自保管物交付时成立,但当事人另有约定的除外。

第三百六十八条 寄存人向保管人交付保管物的,保管人应当给付保管凭证,但另有交易习惯的除外。

第三百六十九条 保管人应当妥善保管保管物。

当事人可以约定保管场所或者方法。除紧急情况或者为了维护寄存人利益的以外，不得擅自改变保管场所或者方法。

　　第三百七十条　寄存人交付的保管物有瑕疵或者按照保管物的性质需要采取特殊保管措施的，寄存人应当将有关情况告知保管人。寄存人未告知，致使保管物受损失的，保管人不承担损害赔偿责任；保管人因此受损失的，除保管人知道或者应当知道并且未采取补救措施的以外，寄存人应当承担损害赔偿责任。

　　第三百七十一条　保管人不得将保管物转交第三人保管，但当事人另有约定的除外。

　　保管人违反前款规定，将保管物转交第三人保管，对保管物造成损失的，应当承担损害赔偿责任。

　　第三百七十二条　保管人不得使用或者许可第三人使用保管物，但当事人另有约定的除外。

　　第三百七十三条　第三人对保管物主张权利的，除依法对保管物采取保全或者执行的以外，保管人应当履行向寄存人返还保管物的义务。

　　第三人对保管人提起诉讼或者对保管物申请扣押的，保管人应当及时通知寄存人。

　　第三百七十四条　保管期间，因保管人保管不善造成保管物毁损、灭失的，保管人应当承担损害赔偿责任，但保管是无偿的，保管人证明自己没有重大过失的，不承担损害赔偿责任。

　　第三百七十五条　寄存人寄存货币、有价证券或者其他贵重物品的，应当向保管人声明，由保管人验收或者封存。寄存人未声明的，该物品毁损、灭失后，保管人可以按照一般物品予以赔偿。

　　第三百七十六条　寄存人可以随时领取保管物。

当事人对保管期间没有约定或者约定不明确的，保管人可以随时要求寄存人领取保管物；约定保管期间的，保管人无特别事由，不得要求寄存人提前领取保管物。

第三百七十七条 保管期间届满或者寄存人提前领取保管物的，保管人应当将原物及其孳息归还寄存人。

第三百七十八条 保管人保管货币的，可以返还相同种类、数量的货币。保管其他可替代物的，可以按照约定返还相同种类、品质、数量的物品。

第三百七十九条 有偿的保管合同，寄存人应当按照约定的期限向保管人支付保管费。

当事人对支付期限没有约定或者约定不明确，依照本法第六十一条的规定仍不能确定的，应当在领取保管物的同时支付。

第三百八十条 寄存人未按照约定支付保管费以及其他费用的，保管人对保管物享有留置权，但当事人另有约定的除外。

第二十章　仓储合同

第三百八十一条 仓储合同是保管人储存存货人交付的仓储物，存货人支付仓储费的合同。

第三百八十二条 仓储合同自成立时生效。

第三百八十三条 储存易燃、易爆、有毒、有腐蚀性、有放射性等危险物品或者易变质物品，存货人应当说明该物品的性质，提供有关资料。

存货人违反前款规定的，保管人可以拒收仓储物，也可以采取相应措施以避免损失的发生，因此产生的费用由存货人承担。

保管人储存易燃、易爆、有毒、有腐蚀性、有放射性等危险物品的,应当具备相应的保管条件。

第三百八十四条 保管人应当按照约定对入库仓储物进行验收。保管人验收时发现入库仓储物与约定不符合的,应当及时通知存货人。保管人验收后,发生仓储物的品种、数量、质量不符合约定的,保管人应当承担损害赔偿责任。

第三百八十五条 存货人交付仓储物的,保管人应当给付仓单。

第三百八十六条 保管人应当在仓单上签字或者盖章。仓单包括下列事项:

(一)存货人的名称或者姓名和住所;

(二)仓储物的品种、数量、质量、包装、件数和标记;

(三)仓储物的损耗标准;

(四)储存场所;

(五)储存期间;

(六)仓储费;

(七)仓储物已经办理保险的,其保险金额、期间以及保险人的名称;

(八)填发人、填发地和填发日期。

第三百八十七条 仓单是提取仓储物的凭证。存货人或者仓单持有人在仓单上背书并经保管人签字或者盖章的,可以转让提取仓储物的权利。

第三百八十八条 保管人根据存货人或者仓单持有人的要求,应当同意其检查仓储物或者提取样品。

第三百八十九条 保管人对入库仓储物发现有变质或者其他损坏的,应当及时通知存货人或者仓单持有人。

第三百九十条 保管人对入库仓储物发现有变质或者其他损坏,危及其他仓储物的安全和正常保管的,应当催告存货人或者仓单持有人作出必要的处置。因情况紧急，保管人可以作出必要的处置，但事后应当将该情况及时通知存货人或者仓单持有人。

第三百九十一条 当事人对储存期间没有约定或者约定不明确的，存货人或者仓单持有人可以随时提取仓储物，保管人也可以随时要求存货人或者仓单持有人提取仓储物，但应当给予必要的准备时间。

第三百九十二条 储存期间届满，存货人或者仓单持有人应当凭仓单提取仓储物。

存货人或者仓单持有人逾期提取的，应当加收仓储费；提前提取的，不减收仓储费。

第三百九十三条 储存期间届满，存货人或者仓单持有人不提取仓储物的，保管人可以催告其在合理期限内提取，逾期不提取的，保管人可以提存仓储物。

第三百九十四条 储存期间，因保管人保管不善造成仓储物毁损、灭失的，保管人应当承担损害赔偿责任。

因仓储物的性质、包装不符合约定或者超过有效储存期造成仓储物变质、损坏的，保管人不承担损害赔偿责任。

第三百九十五条 本章没有规定的，适用保管合同的有关规定。

第二十一章　委托合同

第三百九十六条 委托合同是委托人和受托人约定，由受托人处理委托人事务的合同。

第三百九十七条 委托人可以特别委托受托人处理一项或者数项事务，也可以概括委托受托人处理一切事务。

第三百九十八条 委托人应当预付处理委托事务的费用。受托人为处理委托事务垫付的必要费用,委托人应当偿还该费用及其利息。

第三百九十九条 受托人应当按照委托人的指示处理委托事务。需要变更委托人指示的,应当经委托人同意;因情况紧急,难以和委托人取得联系的,受托人应当妥善处理委托事务,但事后应当将该情况及时报告委托人。

第四百条 受托人应当亲自处理委托事务。经委托人同意,受托人可以转委托。转委托经同意的,委托人可以就委托事务直接指示转委托的第三人,受托人仅就第三人的选任及其对第三人的指示承担责任。转委托未经同意的,受托人应当对转委托的第三人的行为承担责任,但在紧急情况下受托人为维护委托人的利益需要转委托的除外。

第四百零一条 受托人应当按照委托人的要求,报告委托事务的处理情况。委托合同终止时,受托人应当报告委托事务的结果。

第四百零二条 受托人以自己的名义,在委托人的授权范围内与第三人订立的合同,第三人在订立合同时知道受托人与委托人之间的代理关系的,该合同直接约束委托人和第三人,但有确切证据证明该合同只约束受托人和第三人的除外。

第四百零三条 受托人以自己的名义与第三人订立合同时,第三人不知道受托人与委托人之间的代理关系的,受托人因第三人的原因对委托人不履行义务,受托人应当向委托人披露第三人,委托人因此可以行使受托人对第三人的权利,但第三人与受托人订立合同时如果知道该委托人就不会订立合同的除外。

受托人因委托人的原因对第三人不履行义务,受托人应当向第三人披露委托人,第三人因此可以选择受托人或者委托人作为相对人主张其权利,但第三人不得变更选定的相对人。

委托人行使受托人对第三人的权利的,第三人可以向委托人主张其对受托人的抗辩。第三人选定委托人作为其相对人的,委托人可以向第三人主张其对受托人的抗辩以及受托人对第三人的抗辩。

第四百零四条 受托人处理委托事务取得的财产,应当转交给委托人。

第四百零五条 受托人完成委托事务的,委托人应当向其支付报酬。因不可归责于受托人的事由,委托合同解除或者委托事务不能完成的,委托人应当向受托人支付相应的报酬。当事人另有约定的,按照其约定。

第四百零六条 有偿的委托合同,因受托人的过错给委托人造成损失的,委托人可以要求赔偿损失。无偿的委托合同,因受托人的故意或者重大过失给委托人造成损失的,委托人可以要求赔偿损失。

受托人超越权限给委托人造成损失的,应当赔偿损失。

第四百零七条 受托人处理委托事务时,因不可归责于自己的事由受到损失的,可以向委托人要求赔偿损失。

第四百零八条 委托人经受托人同意,可以在受托人之外委托第三人处理委托事务。因此给受托人造成损失的,受托人可以向委托人要求赔偿损失。

第四百零九条 两个以上的受托人共同处理委托事务的,对委托人承担连带责任。

第四百一十条 委托人或者受托人可以随时解除委托合同。

因解除合同给对方造成损失的,除不可归责于该当事人的事由以外,应当赔偿损失。

第四百一十一条 委托人或者受托人死亡、丧失民事行为能力或者破产的,委托合同终止,但当事人另有约定或者根据委托事务的性质不宜终止的除外。

第四百一十二条 因委托人死亡、丧失民事行为能力或者破产,致使委托合同终止将损害委托人利益的,在委托人的继承人、法定代理人或者清算组织承受委托事务之前,受托人应当继续处理委托事务。

第四百一十三条 因受托人死亡、丧失民事行为能力或者破产,致使委托合同终止的,受托人的继承人、法定代理人或者清算组织应当及时通知委托人。因委托合同终止将损害委托人利益的,在委托人作出善后处理之前,受托人的继承人、法定代理人或者清算组织应当采取必要措施。

第二十二章　行纪合同

第四百一十四条 行纪合同是行纪人以自己的名义为委托人从事贸易活动,委托人支付报酬的合同。

第四百一十五条 行纪人处理委托事务支出的费用,由行纪人负担,但当事人另有约定的除外。

第四百一十六条 行纪人占有委托物的,应当妥善保管委托物。

第四百一十七条 委托物交付给行纪人时有瑕疵或者容易腐烂、变质的,经委托人同意,行纪人可以处分该物;和委托人不能及时取得联系的,行纪人可以合理处分。

第四百一十八条 行纪人低于委托人指定的价格卖出或

者高于委托人指定的价格买入的,应当经委托人同意。未经委托人同意,行纪人补偿其差额的,该买卖对委托人发生效力。行纪人高于委托人指定的价格卖出或者低于委托人指定的价格买入的,可以按照约定增加报酬。没有约定或者约定不明确,依照本法第六十一条的规定仍不能确定的,该利益属于委托人。

委托人对价格有特别指示的,行纪人不得违背该指示卖出或者买入。

第四百一十九条 行纪人卖出或者买入具有市场定价的商品,除委托人有相反的意思表示的以外,行纪人自己可以作为买受人或者出卖人。行纪人有前款规定情形的,仍然可以要求委托人支付报酬。

第四百二十条 行纪人按照约定买入委托物,委托人应当及时受领。经行纪人催告,委托人无正当理由拒绝受领的,行纪人依照本法第一百零一条的规定可以提存委托物。

委托物不能卖出或者委托人撤回出卖,经行纪人催告,委托人不取回或者不处分该物的,行纪人依照本法第一百零一条的规定可以提存委托物。

第四百二十一条 行纪人与第三人订立合同的,行纪人对该合同直接享有权利、承担义务。

第三人不履行义务致使委托人受到损害的,行纪人应当承担损害赔偿责任,但行纪人与委托人另有约定的除外。

第四百二十二条 行纪人完成或者部分完成委托事务的,委托人应当向其支付相应的报酬。委托人逾期不支付报酬的,行纪人对委托物享有留置权,但当事人另有约定的除外。

第四百二十三条 本章没有规定的,适用委托合同的有关规定。

第二十三章　居间合同

第四百二十四条　居间合同是居间人向委托人报告订立合同的机会或者提供订立合同的媒介服务，委托人支付报酬的合同。

第四百二十五条　居间人应当就有关订立合同的事项向委托人如实报告。

居间人故意隐瞒与订立合同有关的重要事实或者提供虚假情况，损害委托人利益的，不得要求支付报酬并应当承担损害赔偿责任。

第四百二十六条　居间人促成合同成立的，委托人应当按照约定支付报酬。对居间人的报酬没有约定或者约定不明确，依照本法第六十一条的规定仍不能确定的，根据居间人的劳务合理确定。因居间人提供订立合同的媒介服务而促成合同成立的，由该合同的当事人平均负担居间人的报酬。

居间人促成合同成立的，居间活动的费用，由居间人负担。

第四百二十七条　居间人未促成合同成立的，不得要求支付报酬，但可以要求委托人支付从事居间活动支出的必要费用。

附　则

第四百二十八条　本法自 1999 年 10 月 1 日起施行，《中华人民共和国经济合同法》、《中华人民共和国涉外经济合同法》、《中华人民共和国技术合同法》同时废止。

最高人民法院对合同法
有关问题的解释

最高人民法院关于适用
《中华人民共和国合同法》
若干问题的解释（一）

法释〔1999〕19号
中华人民共和国最高人民法院公告

《最高人民法院关于适用〈中华人民共和国合同法〉若干问题的解释（一）》已于1999年12月1日由最高人民法院审判委员会第1090次会议通过，现予公布，自1999年12月29日起施行。

一九九九年十二月十九日

为了正确审理合同纠纷案件，根据《中华人民共和国合同法》（以下简称合同法）的规定，对人民法院适用合同法的有关

问题作出如下解释:

一、法律适用范围

第一条 合同法实施以后成立的合同发生纠纷起诉到人民法院的,适用合同法的规定;合同法实施以前成立的合同发生纠纷起诉到人民法院的,除本解释另有规定的以外,适用当时的法律规定,当时没有法律规定的,可以适用合同法的有关规定。

第二条 合同成立于合同法实施之前,但合同约定的履行期限跨越合同法实施之日或者履行期限在合同法实施之后,因履行合同发生的纠纷,适用合同法第四章的有关规定。

第三条 人民法院确认合同效力时,对合同法实施以前成立的合同,适用当时的法律合同无效而适用合同法合同有效的,则适用合同法。

第四条 合同法实施以后,人民法院确认合同无效,应当以全国人大及其常委会制定的法律和国务院制定的行政法规为依据,不得以地方性法规、行政规章为依据。

第五条 人民法院对合同法实施以前已经作出终审裁决的案件进行再审,不适用合同法。

二、诉讼时效

第六条 技术合同争议当事人的权利受到侵害的事实发生在合同法实施之前,自当事人知道或者应当知道其权利受到侵害之日起至合同法实施之日超过一年的,人民法院不予保护;尚未超过一年的,其提起诉讼的时效期间为两年。

第七条 技术进出口合同争议当事人的权利受到侵害的事实发生在合同法实施之前,自当事人知道或者应当知道其权利受到侵害之日起至合同法施行之日超过两年的,人民法院不予保护；尚未超过两年的，其提起诉讼的时效期间为四年。

第八条 合同法第五十五条规定的"一年"、第七十五条和第一百零四条第二款规定的"五年"为不变期间，不适用诉讼时效中止、中断或者延长的规定。

三、合同效力

第九条 依照合同法第四十四条第二款的规定，法律、行政法规规定合同应当办理批准手续，或者办理批准、登记等手续才生效，在一审法庭辩论终结前当事人仍未办理批准手续的，或者仍未办理批准、登记等手续的，人民法院应当认定该合同未生效；法律、行政法规规定合同应当办理登记手续，但未规定登记后生效的，当事人未办理登记手续不影响合同的效力，合同标的物所有权及其他物权不能转移。

合同法第七十七条第二款、第八十七条、第九十六条第二款所列合同变更、转让、解除等情形，依照前款规定处理。

第十条 当事人超越经营范围订立合同，人民法院不因此认定合同无效。但违反国家限制经营、特许经营以及法律、行政法规禁止经营规定的除外。

四、代位权

第十一条 债权人依照合同法第七十三条的规定提起代位权诉讼，应当符合下列条件：

（一）债权人对债务人的债权合法；

（二）债务人怠于行使其到期债权，对债权人造成损害；

（三）债务人的债权已到期；

（四）债务人的债权不是专属于债务人自身的债权。

第十二条 合同法第七十三条第一款规定的专属于债务人

自身的债权,是指基于扶养关系、抚养关系、赡养关系、继承关系产生的给付请求权和劳动报酬、退休金、养老金、抚恤金、安置费、人寿保险、人身伤害赔偿请求权等权利。

第十三条　合同法第七十三条规定的"债务人怠于行使其到期债权,对债权人造成损害的",是指债务人不履行其对债权人的到期债务,又不以诉讼方式或者仲裁方式向其债务人主张其享有的具有金钱给付内容的到期债权,致使债权人的到期债权未能实现。

次债务人(即债务人的债务人)不认为债务人有怠于行使其到期债权情况的,应当承担举证责任。

第十四条　债权人依照合同法第七十三条的规定提起代位权诉讼的,由被告住所地人民法院管辖。

第十五条　债权人向人民法院起诉债务人以后,又向同一人民法院对次债务人提起代位权诉讼,符合本解释第十三条的规定和《中华人民共和国民事诉讼法》第一百零八条规定的起诉条件的,应当立案受理;不符合本解释第十三条规定的,告知债权人向次债务人住所地人民法院另行起诉。

受理代位权诉讼的人民法院在债权人起诉债务人的诉讼裁决发生法律效力以前,应当依照《中华人民共和国民事诉讼法》第一百三十六条第(五)项的规定中止代位权诉讼。

第十六条　债权人以次债务人为被告向人民法院提起代位权诉讼,未将债务人列为第三人的,人民法院可以追加债务人为第三人。

两个或者两个以上债权人以同一次债务人为被告提起代位权诉讼的,人民法院可以合并审理。

第十七条　在代位权诉讼中,债权人请求人民法院对次债务人的财产采取保全措施的，应当提供相应的财产担保。

第十八条 在代位权诉讼中，次债务人对债务人的抗辩，可以向债权人主张。

债务人在代位权诉讼中对债权人的债权提出异议，经审查异议成立的，人民法院应当裁定驳回债权人的起诉。

第十九条 在代位权诉讼中，债权人胜诉的，诉讼费由次债务人负担，从实现的债权中优先支付。

第二十条 债权人向次债务人提起的代位权诉讼经人民法院审理后认定代位权成立的，由次债务人向债权人履行清偿义务，债权人与债务人、债务人与次债务人之间相应的债权债务关系即予消灭。

第二十一条 在代位权诉讼中，债权人行使代位权的请求数额超过债务人所负债务额或者超过次债务人对债务人所负债务额的，对超出部分人民法院不予支持。

第二十二条 债务人在代位权诉讼中，对超过债权人代位请求数额的债权部分起诉次债务人的，人民法院应当告知其向有管辖权的人民法院另行起诉。

债务人的起诉符合法定条件的，人民法院应当受理；受理债务人起诉的人民法院在代位权诉讼裁决发生法律效力以前，应当依法中止。

五、撤销权

第二十三条 债权人依照合同法第七十四条的规定提起撤销权诉讼的，由被告住所地人民法院管辖。

第二十四条 债权人依照合同法第七十四条的规定提起撤销权诉讼时只以债务人为被告，未将受益人或者受让人列为第三人的，人民法院可以追加该受益人或者受让人为第三人。

第二十五条 债权人依照合同法第七十四条的规定提起撤销权诉讼,请求人民法院撤销债务人放弃债权或转让财产的行为,人民法院应当就债权人主张的部分进行审理,依法撤销的,该行为自始无效。

两个或者两个以上债权人以同一债务人为被告,就同一标的提起撤销权诉讼的,人民法院可以合并审理。

第二十六条 债权人行使撤销权所支付的律师代理费、差旅费等必要费用,由债务人负担;第三人有过错的,应当适当分担。

六、合同转让中的第三人

第二十七条 债权人转让合同权利后,债务人与受让人之间因履行合同发生纠纷诉至人民法院,债务人对债权人的权利提出抗辩的,可以将债权人列为第三人。

第二十八条 经债权人同意,债务人转移合同义务后,受让人与债权人之间因履行合同发生纠纷诉至人民法院,受让人就债务人对债权人的权利提出抗辩的,可以将债务人列为第三人。

第二十九条 合同当事人一方经对方同意将其在合同中的权利义务一并转让给受让人,对方与受让人因履行合同发生纠纷诉至人民法院,对方就合同权利义务提出抗辩的,可以将出让方列为第三人。

七、请求权竞合

第三十条 债权人依照合同法第一百二十二条的规定向人民法院起诉时作出选择后,在一审开庭以前又变更诉讼请求的,人民法院应当准许。对方当事人提出管辖权异议,经审查异议成立的,人民法院应当驳回起诉。

最高人民法院关于适用《中华人民共和国合同法》若干问题的解释（二）

法释〔2009〕5号
中华人民共和国最高人民法院公告

《最高人民法院关于适用〈中华人民共和国合同法〉若干问题的解释（二）》已于2009年2月9日由最高人民法院审判委员会第1462次会议通过，现予公布，自2009年5月13日起施行。

二〇〇九年四月二十四日

为了正确审理合同纠纷案件，根据《中华人民共和国合同法》的规定，对人民法院适用合同法的有关问题作出如下解释：

一、合同的订立

第一条 当事人对合同是否成立存在争议，人民法院能够确定当事人名称或者姓名、标的和数量的，一般应当认定合同成立。但法律另有规定或者当事人另有约定的除外。

对合同欠缺的前款规定以外的其他内容，当事人达不成协议的，人民法院依照合同法第六十一条、第六十二条、第一百二十五条等有关规定予以确定。

第二条 当事人未以书面形式或者口头形式订立合同，但从双方从事的民事行为能够推定双方有订立合同意愿的，人民法院可以认定是以合同法第十条第一款中的"其他形式"订立的合同。但法律另有规定的除外。

第三条 悬赏人以公开方式声明对完成一定行为的人支付报酬，完成特定行为的人请求悬赏人支付报酬的，人民法院依法予以支持。但悬赏有合同法第五十二条规定情形的除外。

第四条 采用书面形式订立合同，合同约定的签订地与实际签字或者盖章地点不符的，人民法院应当认定约定的签订地为合同签订地；合同没有约定签订地，双方当事人签字或者盖章不在同一地点的，人民法院应当认定最后签字或者盖章的地点为合同签订地。

第五条 当事人采用合同书形式订立合同的，应当签字或者盖章。当事人在合同书上摁手印的，人民法院应当认定其具有与签字或者盖章同等的法律效力。

第六条 提供格式条款的一方对格式条款中免除或者限制其责任的内容，在合同订立时采用足以引起对方注意的文字、符号、字体等特别标识，并按照对方的要求对该格式条款予以说明的，人民法院应当认定符合合同法第三十九条所称"采取合理的方式"。

提供格式条款一方对已尽合理提示及说明义务承担举证责任。

第七条 下列情形，不违反法律、行政法规强制性规定的，人民法院可以认定为合同法所称"交易习惯"：

（一）在交易行为当地或者某一领域、某一行业通常采用并为交易对方订立合同时所知道或者应当知道的做法；

（二）当事人双方经常使用的习惯做法。

对于交易习惯，由提出主张的一方当事人承担举证责任。

第八条 依照法律、行政法规的规定经批准或者登记才能生效的合同成立后，有义务办理申请批准或者申请登记等手续的一方当事人未按照法律规定或者合同约定办理申请批准或者未申请登记的，属于合同法第四十二条第（三）项规定的"其他违背诚实信用原则的行为"，人民法院可以根据案件的具体情况和相对人的请求，判决相对人自己办理有关手续；对方当事人对由此产生的费用和给相对人造成的实际损失，应当承担损害赔偿责任。

二、合同的效力

第九条 提供格式条款的一方当事人违反合同法第三十九条第一款关于提示和说明义务的规定，导致对方没有注意免除或者限制其责任的条款，对方当事人申请撤销该格式条款的，人民法院应当支持。

第十条 提供格式条款的一方当事人违反合同法第三十九条第一款的规定，并具有合同法第四十条规定的情形之一的，人民法院应当认定该格式条款无效。

第十一条 根据合同法第四十七条、第四十八条的规定，追认的意思表示自到达相对人时生效，合同自订立时起生效。

第十二条 无权代理人以被代理人的名义订立合同，被代理人已经开始履行合同义务的，视为对合同的追认。

第十三条 被代理人依照合同法第四十九条的规定承担有效代理行为所产生的责任后，可以向无权代理人追偿因代理行为而遭受的损失。

第十四条 合同法第五十二条第（五）项规定的"强制性规定"，是指效力性强制性规定。

第十五条 出卖人就同一标的物订立多重买卖合同，合同均不具有合同法第五十二条规定的无效情形，买受人因不能按照合同约定取得标的物所有权，请求追究出卖人违约责任的，人民法院应予支持。

三、合同的履行

第十六条 人民法院根据具体案情可以将合同法第六十四条、第六十五条规定的第三人列为无独立请求权的第三人，但不得依职权将其列为该合同诉讼案件的被告或者有独立请求权的第三人。

第十七条 债权人以境外当事人为被告提起的代位权诉讼，人民法院根据《中华人民共和国民事诉讼法》第二百四十一条的规定确定管辖。

第十八条 债务人放弃其未到期的债权或者放弃债权担保，或者恶意延长到期债权的履行期，对债权人造成损害，债权人依照合同法第七十四条的规定提起撤销权诉讼的，人民法院应当支持。

第十九条 对于合同法第七十四条规定的"明显不合理的低价"，人民法院应当以交易当地一般经营者的判断，并参考交易当时交易地的物价部门指导价或者市场交易价，结合其他相关因素综合考虑予以确认。

转让价格达不到交易时交易地的指导价或者市场交易价百分之七十的，一般可以视为明显不合理的低价；对转让价格高于当地指导价或者市场交易价百分之三十的，一般可以视为明显不合理的高价。

债务人以明显不合理的高价收购他人财产，人民法院可以根据债权人的申请，参照合同法第七十四条的规定予以撤销。

第二十条 债务人的给付不足以清偿其对同一债权人所负的数笔相同种类的全部债务，应当优先抵充已到期的债务；几项债务均到期的，优先抵充对债权人缺乏担保或者担保数额最少的债务；担保数额相同的，优先抵充债务负担较重的债务；负担相同的，按照债务到期的先后顺序抵充；到期时间相同的，按比例抵充。但是，债权人与债务人对清偿的债务或者清偿抵充顺序有约定的除外。

第二十一条　债务人除主债务之外还应当支付利息和费用，当其给付不足以清偿全部债务时，并且当事人没有约定的，人民法院应当按照下列顺序抵充：

（一）实现债权的有关费用；

（二）利息；

（三）主债务。

四、合同的权利义务终止

第二十二条　当事人一方违反合同法第九十二条规定的义务，给对方当事人造成损失，对方当事人请求赔偿实际损失的，人民法院应当支持。

第二十三条　对于依照合同法第九十九条的规定可以抵销的到期债权，当事人约定不得抵销的，人民法院可以认定该约定有效。

第二十四条　当事人对合同法第九十六条、第九十九条规定的合同解除或者债务抵销虽有异议，但在约定的异议期限届满后才提出异议并向人民法院起诉的，人民法院不予支持；当事人没有约定异议期间，在解除合同或者债务抵销通知到达之日起三个月以后才向人民法院起诉的，人民法院不予支持。

第二十五条　依照合同法第一百零一条的规定，债务人将合同标的物或者标的物拍卖、变卖所得价款交付提存部门时，人民法院应当认定提存成立。

提存成立的，视为债务人在其提存范围内已经履行债务。

第二十六条 合同成立以后客观情况发生了当事人在订立合同时无法预见的、非不可抗力造成的不属于商业风险的重大变化,继续履行合同对于一方当事人明显不公平或者不能实现合同目的,当事人请求人民法院变更或者解除合同的,人民法院应当根据公平原则,并结合案件的实际情况确定是否变更或者解除。

五、违约责任

第二十七条 当事人通过反诉或者抗辩的方式,请求人民法院依照合同法第一百一十四条第二款的规定调整违约金的,人民法院应予支持。

第二十八条 当事人依照合同法第一百一十四条第二款的规定,请求人民法院增加违约金的,增加后的违约金数额以不超过实际损失额为限。增加违约金以后,当事人又请求对方赔偿损失的,人民法院不予支持。

第二十九条 当事人主张约定的违约金过高请求予以适当减少的,人民法院应当以实际损失为基础,兼顾合同的履行情况、当事人的过错程度以及预期利益等综合因素,根据公平原则和诚实信用原则予以衡量,并作出裁决。

当事人约定的违约金超过造成损失的百分之三十的,一般可以认定为合同法第一百一十四条第二款规定的"过分高于造成的损失"。

六、附则

第三十条 合同法施行后成立的合同发生纠纷的案件,本解释施行后尚未终审的,适用本解释;本解释施行前已经终审,当事人申请再审或者按照审判监督程序决定再审的,不适用本解释。

关于当前形势下审理民商事合同纠纷案件若干问题的指导意见

法发〔2009〕40号

最高人民法院印发《关于当前形势下审理民商事合同纠纷案件若干问题的指导意见》的通知

各省、自治区、直辖市高级人民法院,解放军军事法院,新疆维吾尔自治区高级人民法院生产建设兵团分院:

现将最高人民法院《关于当前形势下审理民商事合同纠纷案件若干问题的指导意见》印发给你们,请结合当地实际,认真贯彻落实。

二○○九年七月七日

当前,因全球金融危机蔓延所引发的矛盾和纠纷在司法领域已经出现明显反映,民商事案件尤其是与企业经营相关的民商事合同纠纷案件呈大幅增长的态势;同时出现了诸多由宏观经济形势变化所引发的新的审判实务问题。人民法院围绕国家经济发展战略和"保增长、保民生、保稳定"要求,坚持"立足审判、胸怀大局、同舟共济、共克时艰"的指导方针,牢固树立为大局服务、为人民司法的理念,认真研究并及时解决这些民商事审判实务中与宏观经济形势变化密切相关的普遍性问题、重点问题,有效化解矛盾和纠纷,不仅是民商事审判部门应对金融危机工作的重要任务,而且对于维护诚信的市场交易秩序,保障公平法治的投资环境,公平解决纠纷、提振市场信心等具有重要意义。现就人民法院在当前形势下审理民商事合同纠纷案件中的若干问题,提出以下意见。

一、慎重适用情势变更原则,合理调整双方利益关系

(一)当前市场主体之间的产品交易、资金流转因原料价格剧烈波动、市场需求关系的变化、流动资金不足等诸多因素的影响而产生大量纠纷,对于部分当事人在诉讼中提出适用情势变更原则变更或者解除合同的请求,人民法院应当依据公平原则和情势变更原则严格审查。

(二)人民法院在适用情势变更原则时,应当充分注意到全球性金融危机和国内宏观经济形势变化并非完全是一个令所有市场主体猝不及防的突变过程,而是一个逐步演变的过程。在演变过程中,市场主体应当对于市场风险存在一定程度的预见和判断。人民法院应当依法把握情势变更原则的适用条件,严格审查当事人提出的"无法预见"的主张,对于涉及石油、焦炭、有色金属等市场属性活泼、长期以来价格波动较大的大宗商品标的物以及股票、期货等风险投资型金融产品标的物的合同,更要慎重适用情势变更原则。

(三)人民法院要合理区分情势变更与商业风险。商业风险属于从事商业活动的固有风险,诸如尚未达到异常变动程度的供求关系变化、价格涨跌等。情势变更是当事人在缔约时无法预见的非市场系统固有的风险。人民法院在判断某种重大客观变化是否属于情势变更时,应当注意衡量风险类型是否属于社会一般观念上的事先无法预见、风险程度是否远远超出正常人的合理预期、风险是否可以防范和控制、交易性质是否属于通常的"高风险高收益"范围等因素,并结合市场的具体情况,在个案中识别情势变更和商业风险。

(四)在调整尺度的价值取向把握上,人民法院仍应遵循侧重于保护守约方的原则。适用情势变更原则并非简单地豁免债务人的义务而使债权人承受不利后果,而是要充分注意利益均衡,

公平合理地调整双方利益关系。在诉讼过程中，人民法院要积极引导当事人重新协商，改订合同；重新协商不成的，争取调解解决。为防止情势变更原则被滥用而影响市场正常的交易秩序，人民法院决定适用情势变更原则作出判决的，应当按照最高人民法院《关于正确适用〈中华人民共和国合同法〉若干问题的解释（二）服务党和国家工作大局的通知》（法〔2009〕165号）的要求，严格履行适用情势变更的相关审核程序。

二、依法合理调整违约金数额，公平解决违约责任问题

（五）现阶段由于国内宏观经济环境的变化和影响，民商事合同履行过程中违约现象比较突出。对于双方当事人在合同中所约定的过分高于违约造成损失的违约金或者极具惩罚性的违约金条款，人民法院应根据合同法第一百一十四条第二款和最高人民法院《关于适用中华人民共和国合同法若干问题的解释（二）》（以下简称《合同法解释（二）》）第二十九条等关于调整过高违约金的规定内容和精神，合理调整违约金数额，公平解决违约责任问题。

（六）在当前企业经营状况普遍较为困难的情况下，对于违约金数额过分高于违约造成损失的，应当根据合同法规定的诚实信用原则、公平原则，坚持以补偿性为主、以惩罚性为辅的违约金性质，合理调整裁量幅度，切实防止以意思自治为由而完全放任当事人约定过高的违约金。

（七）人民法院根据合同法第一百一十四条第二款调整过高违约金时，应当根据案件的具体情形，以违约造成的损失为基准，综合衡量合同履行程度、当事人的过错、预期利益、当事人缔约地位强弱、是否适用格式合同或条款等多项因素，根据公平原则和诚实信用原则予以综合权衡，避免简单地采用固定比例等"一刀切"的做法，防止机械司法而可能造成的实质不公平。

（八）为减轻当事人诉累，妥当解决违约金纠纷，违约方以

合同不成立、合同未生效、合同无效或者不构成违约进行免责抗辩而未提出违约金调整请求的，人民法院可以就当事人是否需要主张违约金过高问题进行释明。人民法院要正确确定举证责任，违约方对于违约金约定过高的主张承担举证责任，非违约方主张违约金约定合理的，亦应提供相应的证据。合同解除后，当事人主张违约金条款继续有效的，人民法院可以根据合同法第九十八条的规定进行处理。

三、区分可得利益损失类型，妥善认定可得利益损失

（九）在当前市场主体违约情形比较突出的情况下，违约行为通常导致可得利益损失。根据交易的性质、合同的目的等因素，可得利益损失主要分为生产利润损失、经营利润损失和转售利润损失等类型。生产设备和原材料等买卖合同违约中，因出卖人违约而造成买受人的可得利益损失通常属于生产利润损失。承包经营、租赁经营合同以及提供服务或劳务的合同中，因一方违约造成的可得利益损失通常属于经营利润损失。先后系列买卖合同中，因原合同出卖方违约而造成其后的转售合同出售方的可得利益损失通常属于转售利润损失。

（十）人民法院在计算和认定可得利益损失时，应当综合运用可预见规则、减损规则、损益相抵规则以及过失相抵规则等，从非违约方主张的可得利益赔偿总额中扣除违约方不可预见的损失、非违约方不当扩大的损失、非违约方因违约获得的利益、非违约方亦有过失所造成的损失以及必要的交易成本。存在合同法第一百一十三条第二款规定的欺诈经营、合同法第一百一十四条第一款规定的当事人约定损害赔偿的计算方法以及因违约导致人身伤亡、精神损害等情形的，不宜适用可得利益损失赔偿规则。

（十一）人民法院认定可得利益损失时应当合理分配举证责任。违约方一般应当承担非违约方没有采取合理减损措施而导

致损失扩大、非违约方因违约而获得利益以及非违约方亦有过失的举证责任；非违约方应当承担其遭受的可得利益损失总额、必要的交易成本的举证责任。对于可以预见的损失，既可以由非违约方举证，也可以由人民法院根据具体情况予以裁量。

四、正确把握法律构成要件，稳妥认定表见代理行为

（十二）当前在国家重大项目和承包租赁行业等受到全球性金融危机冲击和国内宏观经济形势变化影响比较明显的行业领域，由于合同当事人采用转包、分包、转租方式，出现了大量以单位部门、项目经理乃至个人名义签订或实际履行合同的情形，并因合同主体和效力认定问题引发表见代理纠纷案件。对此，人民法院应当正确适用合同法第四十九条关于表见代理制度的规定，严格认定表见代理行为。

（十三）合同法第四十九条规定的表见代理制度不仅要求代理人的无权代理行为在客观上形成具有代理权的表象，而且要求相对人在主观上善意且无过失地相信行为人有代理权。合同相对人主张构成表见代理的，应当承担举证责任，不仅应当举证证明代理行为存在诸如合同书、公章、印鉴等有权代理的客观表象形式要素，而且应当证明其善意且无过失地相信行为人具有代理权。

（十四）人民法院在判断合同相对人主观上是否属于善意且无过失时，应当结合合同缔结与履行过程中的各种因素综合判断合同相对人是否尽到合理注意义务，此外还要考虑合同的缔结时间、以谁的名义签字、是否盖有相关印章及印章真伪、标的物的交付方式与地点、购买的材料、租赁的器材、所借款项的用途、建筑单位是否知道项目经理的行为、是否参与合同履行等各种因素，作出综合分析判断。

五、正确适用强制性规定，稳妥认定民商事合同效力

（十五）正确理解、识别和适用合同法第五十二条第（五）

项中的"违反法律、行政法规的强制性规定",关系到民商事合同的效力维护以及市场交易的安全和稳定。人民法院应当注意根据《合同法解释（二）》第十四条之规定,注意区分效力性强制规定和管理性强制规定。违反效力性强制规定的,人民法院应当认定合同无效；违反管理性强制规定的,人民法院应当根据具体情形认定其效力。

（十六）人民法院应当综合法律法规的意旨,权衡相互冲突的权益,诸如权益的种类、交易安全以及其所规制的对象等,综合认定强制性规定的类型。如果强制性规范规制的是合同行为本身即只要该合同行为发生即绝对地损害国家利益或者社会公共利益的,人民法院应当认定合同无效。如果强制性规定规制的是当事人的"市场准入"资格而非某种类型的合同行为,或者规制的是某种合同的履行行为而非某类合同行为,人民法院对于此类合同效力的认定,应当慎重把握,必要时应当征求相关立法部门的意见或者请示上级人民法院。

六、合理适用不安抗辩权规则,维护权利人合法权益

（十七）在当前情势下,为敦促诚信的合同一方当事人及时保全证据、有效保护权利人的正当合法权益,对于一方当事人已经履行全部交付义务,虽然约定的价款期限尚未到期,但其诉请付款方支付未到期价款的,如果有确切证据证明付款方明确表示不履行给付价款义务,或者付款方被吊销营业执照、被注销、被有关部门撤销、处于歇业状态,或者付款方转移财产、抽逃资金以逃避债务,或者付款方丧失商业信誉,以及付款方以自己的行为表明不履行给付价款义务的其他情形的,除非付款方已经提供适当的担保,人民法院可以根据合同法第六十八条第一款、第六十九条、第九十四条第（二）项、第一百零八条、第一百六十七条等规定精神,判令付款期限已到期或者加速到期。

最高人民法院关于审理涉外民事或商事合同纠纷案件法律适用若干问题的规定

法释〔2007〕14号

中华人民共和国最高人民法院公告

《最高人民法院关于审理涉外民事或商事合同纠纷案件法律适用若干问题的规定》已于2007年6月11日由最高人民法院审判委员会第1429次会议通过，现予公布，自2007年8月8日起施行。

二〇〇七年七月二十三日

为正确审理涉外民事或商事合同纠纷案件，准确适用法律，根据《中华人民共和国民法通则》、《中华人民共和国合同法》等有关规定，制定本规定。

第一条 涉外民事或商事合同应适用的法律，是指有关国家或地区的实体法，不包括冲突法和程序法。

第二条 本规定所称合同争议包括合同的订立、合同的效力、合同的履行、合同的变更和转让、合同的终止以及违约责任等争议。

第三条 当事人选择或者变更选择合同争议应适用的法律，应当以明示的方式进行。

第四条 当事人在一审法庭辩论终结前通过协商一致，选择或者变更选择合同争议应适用的法律的，人民法院应予准许。

当事人未选择合同争议应适用的法律,但均援引同一国家或者地区的法律且未提出法律适用异议的,应当视为当事人已经就合同争议应适用的法律作出选择。

第五条 当事人未选择合同争议应适用的法律的,适用与合同有最密切联系的国家或者地区的法律。

人民法院根据最密切联系原则确定合同争议应适用的法律时,应根据合同的特殊性质,以及某一方当事人履行的义务最能体现合同的本质特性等因素,确定与合同有最密切联系的国家或者地区的法律作为合同的准据法。

(一)买卖合同,适用合同订立时卖方住所地法;如果合同是在买方住所地谈判并订立的,或者合同明确规定卖方须在买方住所地履行交货义务的,适用买方住所地法。

(二)来料加工、来件装配以及其他各种加工承揽合同,适用加工承揽人住所地法。

(三)成套设备供应合同,适用设备安装地法。

(四)不动产买卖、租赁或者抵押合同,适用不动产所在地法。

(五)动产租赁合同,适用出租人住所地法。

(六)动产质押合同,适用质权人住所地法。

(七)借款合同,适用贷款人住所地法。

(八)保险合同,适用保险人住所地法。

(九)融资租赁合同,适用承租人住所地法。

(十)建设工程合同,适用建设工程所在地法。

(十一)仓储、保管合同,适用仓储、保管人住所地法。

(十二)保证合同,适用保证人住所地法。

(十三)委托合同,适用受托人住所地法。

(十四)债券的发行、销售和转让合同,分别适用债券发行地法、债券销售地法和债券转让地法。

（十五）拍卖合同，适用拍卖举行地法。

（十六）行纪合同，适用行纪人住所地法。

（十七）居间合同，适用居间人住所地法。

如果上述合同明显与另一国家或者地区有更密切联系的，适用该另一国家或者地区的法律。

第六条 当事人规避中华人民共和国法律、行政法规的强制性规定的行为，不发生适用外国法律的效力，该合同争议应当适用中华人民共和国法律。

第七条 适用外国法律违反中华人民共和国社会公共利益的，该外国法律不予适用，而应当适用中华人民共和国法律。

第八条 在中华人民共和国领域内履行的下列合同，适用中华人民共和国法律：

（一）中外合资经营企业合同；

（二）中外合作经营企业合同；

（三）中外合作勘探、开发自然资源合同；

（四）中外合资经营企业、中外合作经营企业、外商独资企业股份转让合同；

（五）外国自然人、法人或者其他组织承包经营在中华人民共和国领域内设立的中外合资经营企业、中外合作经营企业的合同；

（六）外国自然人、法人或者其他组织购买中华人民共和国领域内的非外商投资企业股东的股权的合同；

（七）外国自然人、法人或者其他组织认购中华人民共和国领域内的非外商投资有限责任公司或者股份有限公司增资的合同；

（八）外国自然人、法人或者其他组织购买中华人民共和国领域内的非外商投资企业资产的合同；

（九）中华人民共和国法律、行政法规规定应适用中华人民共和国法律的其他合同。

第九条 当事人选择或者变更选择合同争议应适用的法律为外国法律时，由当事人提供或者证明该外国法律的相关内容。

人民法院根据最密切联系原则确定合同争议应适用的法律为外国法律时，可以依职权查明该外国法律，亦可以要求当事人提供或者证明该外国法律的内容。

当事人和人民法院通过适当的途径均不能查明外国法律的内容的，人民法院可以适用中华人民共和国法律。

第十条 当事人对查明的外国法律内容经质证后无异议的，人民法院应予确认。当事人有异议的，由人民法院审查认定。

第十一条 涉及香港特别行政区、澳门特别行政区的民事或商事合同的法律适用，参照本规定。

第十二条 本院以前发布的规定与本规定不一致的，以本规定为准。

最高人民法院关于审理建设工程施工合同纠纷案件适用法律问题的解释

法释〔2004〕14号

中华人民共和国最高人民法院公告

《最高人民法院关于审理建设工程施工合同纠纷案件适用法律问题的解释》已于2004年9月29日由最高人民法院审判委员会第1327次会议通过，现予公布，自2005年1月1日起施行。

二〇〇四年十月二十五日

根据《中华人民共和国民法通则》、《中华人民共和国合同法》、《中华人民共和国招标投标法》、《中华人民共和国民事诉讼法》等法律规定，结合民事审判实际，就审理建设工程施工合同纠纷案件适用法律的问题，制定本解释。

第一条 建设工程施工合同具有下列情形之一的，应当根据合同法第五十二条第（五）项的规定，认定无效：

（一）承包人未取得建筑施工企业资质或者超越资质等级的；

（二）没有资质的实际施工人借用有资质的建筑施工企业名义的；

（三）建设工程必须进行招标而未招标或者中标无效的。

第二条 建设工程施工合同无效，但建设工程经竣工验收合格，承包人请求参照合同约定支付工程价款的，应予支持。

第三条　建设工程施工合同无效，且建设工程经竣工验收不合格的，按照以下情形分别处理：

（一）修复后的建设工程经竣工验收合格，发包人请求承包人承担修复费用的，应予支持；

（二）修复后的建设工程经竣工验收不合格，承包人请求支付工程价款的，不予支持。

因建设工程不合格造成的损失，发包人有过错的，也应承担相应的民事责任。

第四条　承包人非法转包、违法分包建设工程或者没有资质的实际施工人借用有资质的建筑施工企业名义与他人签订建设工程施工合同的行为无效。人民法院可以根据民法通则第一百三十四条规定，收缴当事人已经取得的非法所得。

第五条　承包人超越资质等级许可的业务范围签订建设工程施工合同，在建设工程竣工前取得相应资质等级，当事人请求按照无效合同处理的，不予支持。

第六条　当事人对垫资和垫资利息有约定，承包人请求按照约定返还垫资及其利息的，应予支持，但是约定的利息计算标准高于中国人民银行发布的同期同类贷款利率的部分除外。

当事人对垫资没有约定的，按照工程欠款处理。

当事人对垫资利息没有约定，承包人请求支付利息的，不予支持。

第七条　具有劳务作业法定资质的承包人与总承包人、分包人签订的劳务分包合同，当事人以转包建设工程违反法律规定为由请求确认无效的，不予支持。

第八条 承包人具有下列情形之一，发包人请求解除建设工程施工合同的，应予支持：

（一）明确表示或者以行为表明不履行合同主要义务的；

（二）合同约定的期限内没有完工，且在发包人催告的合理期限内仍未完工的；

（三）已经完成的建设工程质量不合格，并拒绝修复的；

（四）将承包的建设工程非法转包、违法分包的。

第九条 发包人具有下列情形之一，致使承包人无法施工，且在催告的合理期限内仍未履行相应义务，承包人请求解除建设工程施工合同的，应予支持：

（一）未按约定支付工程价款的；

（二）提供的主要建筑材料、建筑构配件和设备不符合强制性标准的；

（三）不履行合同约定的协助义务的。

第十条 建设工程施工合同解除后，已经完成的建设工程质量合格的，发包人应当按照约定支付相应的工程价款；已经完成的建设工程质量不合格的，参照本解释第三条规定处理。

因一方违约导致合同解除的，违约方应当赔偿因此而给对方造成的损失。

第十一条 因承包人的过错造成建设工程质量不符合约定，承包人拒绝修理、返工或者改建，发包人请求减少支付工程价款的，应予支持。

第十二条 发包人具有下列情形之一，造成建设工程质量缺陷，应当承担过错责任：

（一）提供的设计有缺陷；

（二）提供或者指定购买的建筑材料、建筑构配件、设备不符合强制性标准；

（三）直接指定分包人分包专业工程。

承包人有过错的，也应当承担相应的过错责任。

第十三条 建设工程未经竣工验收，发包人擅自使用后，又以使用部分质量不符合约定为由主张权利的，不予支持；但是承包人应当在建设工程的合理使用寿命内对地基基础工程和主体结构质量承担民事责任。

第十四条 当事人对建设工程实际竣工日期有争议的，按照以下情形分别处理：

（一）建设工程经竣工验收合格的，以竣工验收合格之日为竣工日期；

（二）承包人已经提交竣工验收报告，发包人拖延验收的，以承包人提交验收报告之日为竣工日期；

（三）建设工程未经竣工验收，发包人擅自使用的，以转移占有建设工程之日为竣工日期。

第十五条 建设工程竣工前，当事人对工程质量发生争议，工程质量经鉴定合格的，鉴定期间为顺延工期期间。

第十六条 当事人对建设工程的计价标准或者计价方法有约定的，按照约定结算工程价款。

因设计变更导致建设工程的工程量或者质量标准发生变化，当事人对该部分工程价款不能协商一致的，可以参照签订建设工程施工合同时当地建设行政主管部门发布的计价方法或者计价标准结算工程价款。

建设工程施工合同有效，但建设工程经竣工验收不合格的，工程价款结算参照本解释第三条规定处理。

第十七条 当事人对欠付工程价款利息计付标准有约定的，按照约定处理；没有约定的，按照中国人民银行发布的同期同类贷款利率计息。

第十八条 利息从应付工程价款之日计付。当事人对付款时间没有约定或者约定不明的,下列时间视为应付款时间:

(一)建设工程已实际交付的,为交付之日;

(二)建设工程没有交付的,为提交竣工结算文件之日;

(三)建设工程未交付,工程价款也未结算的,为当事人起诉之日。

第十九条 当事人对工程量有争议的,按照施工过程中形成的签证等书面文件确认。承包人能够证明发包人同意其施工,但未能提供签证文件证明工程量发生的,可以按照当事人提供的其他证据确认实际发生的工程量。

第二十条 当事人约定,发包人收到竣工结算文件后,在约定期限内不予答复,视为认可竣工结算文件的,按照约定处理。承包人请求按照竣工结算文件结算工程价款的,应予支持。

第二十一条 当事人就同一建设工程另行订立的建设工程施工合同与经过备案的中标合同实质性内容不一致的,应当以备案的中标合同作为结算工程价款的根据。

第二十二条 当事人约定按照固定价结算工程价款,一方当事人请求对建设工程造价进行鉴定的,不予支持。

第二十三条 当事人对部分案件事实有争议的,仅对有争议的事实进行鉴定,但争议事实范围不能确定,或者双方当事人请求对全部事实鉴定的除外。

第二十四条 建设工程施工合同纠纷以施工行为地为合同履行地。

第二十五条 因建设工程质量发生争议的,发包人可以以总承包人、分包人和实际施工人为共同被告提起诉讼。

第二十六条 实际施工人以转包人、违法分包人为被告起诉的,人民法院应当依法受理。

实际施工人以发包人为被告主张权利的,人民法院可以追加转包人或者违法分包人为本案当事人。发包人只在欠付工程价款范围内对实际施工人承担责任。

第二十七条 因保修人未及时履行保修义务,导致建筑物毁损或者造成人身、财产损害的,保修人应当承担赔偿责任。

保修人与建筑物所有人或者发包人对建筑物毁损均有过错的,各自承担相应的责任。

第二十八条 本解释自二〇〇五年一月一日起施行。

施行后受理的第一审案件适用本解释。

施行前最高人民法院发布的司法解释与本解释相抵触的,以本解释为准。

最高人民法院关于审理技术合同纠纷案件适用法律若干问题的解释

法释〔2004〕20号

中华人民共和国最高人民法院公告

《最高人民法院关于审理技术合同纠纷案件适用法律若干问题的解释》已于2004年11月30日由最高人民法院审判委员会第1335次会议通过,现予公布,自2005年1月1日起施行。

二〇〇四年十二月十六日

为了正确审理技术合同纠纷案件,根据《中华人民共和国合同法》、《中华人民共和国专利法》和《中华人民共和国民事诉讼法》等法律的有关规定,结合审判实践,现就有关问题作出以下解释。

一、一般规定

第一条 技术成果,是指利用科学技术知识、信息和经验作出的涉及产品、工艺、材料及其改进等的技术方案,包括专利、专利申请、技术秘密、计算机软件、集成电路布图设计、植物新品种等。

技术秘密,是指不为公众所知悉、具有商业价值并经权利人采取保密措施的技术信息。

第二条 合同法第三百二十六条第二款所称"执行法人或

者其他组织的工作任务",包括:

(一)履行法人或者其他组织的岗位职责或者承担其交付的其他技术开发任务;

(二)离职后一年内继续从事与其原所在法人或者其他组织的岗位职责或者交付的任务有关的技术开发工作,但法律、行政法规另有规定的除外。

法人或者其他组织与其职工就职工在职期间或者离职以后所完成的技术成果的权益有约定的,人民法院应当依约定确认。

第三条 合同法第三百二十六条第二款所称"物质技术条件",包括资金、设备、器材、原材料、未公开的技术信息和资料等。

第四条 合同法第三百二十六条第二款所称"主要利用法人或者其他组织的物质技术条件",包括职工在技术成果的研究开发过程中,全部或者大部分利用了法人或者其他组织的资金、设备、器材或者原材料等物质条件,并且这些物质条件对形成该技术成果具有实质性的影响;还包括该技术成果实质性内容是在法人或者其他组织尚未公开的技术成果、阶段性技术成果基础上完成的情形。但下列情况除外:

(一)对利用法人或者其他组织提供的物质技术条件,约定返还资金或者交纳使用费的;

(二)在技术成果完成后利用法人或者其他组织的物质技术条件对技术方案进行验证、测试的。

第五条 个人完成的技术成果,属于执行原所在法人或者其他组织的工作任务,又主要利用了现所在法人或者其他组织的物质技术条件的,应当按照该自然人原所在和现所在法人或者其他组织达成的协议确认权益。不能达成协议的,根据对完成该项技术成果的贡献大小由双方合理分享。

第六条 合同法第三百二十六条、第三百二十七条所称完成技术成果的"个人",包括对技术成果单独或者共同作出创造性贡献的人,也即技术成果的发明人或者设计人。人民法院在对创造性贡献进行认定时,应当分解所涉及技术成果的实质性技术构成。提出实质性技术构成并由此实现技术方案的人,是作出创造性贡献的人。

提供资金、设备、材料、试验条件,进行组织管理,协助绘制图纸、整理资料、翻译文献等人员,不属于完成技术成果的个人。

第七条 不具有民事主体资格的科研组织订立的技术合同,经法人或者其他组织授权或者认可的,视为法人或者其他组织订立的合同,由法人或者其他组织承担责任;未经法人或者其他组织授权或者认可的,由该科研组织成员共同承担责任,但法人或者其他组织因该合同受益的,应当在其受益范围内承担相应责任。

前款所称不具有民事主体资格的科研组织,包括法人或者其他组织设立的从事技术研究开发、转让等活动的课题组、工作室等。

第八条 生产产品或者提供服务依法须经有关部门审批或者取得行政许可,而未经审批或者许可的,不影响当事人订立的相关技术合同的效力。

当事人对办理前款所称审批或者许可的义务没有约定或者约定不明确的,人民法院应当判令由实施技术的一方负责办理,但法律、行政法规另有规定的除外。

第九条 当事人一方采取欺诈手段,就其现有技术成果作为研究开发标的与他人订立委托开发合同收取研究开发费用,或者就同一研究开发课题先后与两个或者两个以上的委托人分别订立委托开发合同重复收取研究开发费用的,受损害方依照合同法第五十四条第二款规定请求变更或者撤销合同的,人民法院应当予以支持。

第十条 下列情形,属于合同法第三百二十九条所称的"非法垄断技术、妨碍技术进步":

(一)限制当事人一方在合同标的技术基础上进行新的研究开发或者限制其使用所改进的技术,或者双方交换改进技术的条件不对等,包括要求一方将其自行改进的技术无偿提供给对方、非互惠性转让给对方、无偿独占或者共享该改进技术的知识产权;

(二)限制当事人一方从其他来源获得与技术提供方类似技术或者与其竞争的技术;

(三)阻碍当事人一方根据市场需求,按照合理方式充分实施合同标的技术,包括明显不合理地限制技术接受方实施合同标的技术生产产品或者提供服务的数量、品种、价格、销售渠道和出口市场;

(四)要求技术接受方接受并非实施技术必不可少的附带条件,包括购买非必需的技术、原材料、产品、设备、服务以及接收非必需的人员等;

(五)不合理地限制技术接受方购买原材料、零部件、产品或者设备等的渠道或者来源;

(六)禁止技术接受方对合同标的技术知识产权的有效性提出异议或者对提出异议附加条件。

第十一条 技术合同无效或者被撤销后,技术开发合同研究开发人、技术转让合同让与人、技术咨询合同和技术服务合同的受托人已经履行或者部分履行了约定的义务,并且造成合同无效或者被撤销的过错在对方的,对其已履行部分应当收取的研究开发经费、技术使用费、提供咨询服务的报酬,人民法院可以认定为因对方原因导致合同无效或者被撤销给其造成的损失。

技术合同无效或者被撤销后,因履行合同所完成新的技术成果或者在他人技术成果基础上完成后续改进技术成果的权利归属和利益分享,当事人不能重新协议确定的,人民法院可以判决由完成技术成果的一方享有。

第十二条 根据合同法第三百二十九条的规定,侵害他人技术秘密的技术合同被确认无效后,除法律、行政法规另有规定的以外,善意取得该技术秘密的一方当事人可以在其取得时的范围内继续使用该技术秘密,但应当向权利人支付合理的使用费并承担保密义务。

当事人双方恶意串通或者一方知道或者应当知道另一方侵权仍与其订立或者履行合同的,属于共同侵权,人民法院应当判令侵权人承担连带赔偿责任和保密义务,因此取得技术秘密的当事人不得继续使用该技术秘密。

第十三条 依照前条第一款规定可以继续使用技术秘密的人与权利人就使用费支付发生纠纷的,当事人任何一方都可以请求人民法院予以处理。继续使用技术秘密但又拒不支付使用费的,人民法院可以根据权利人的请求判令使用人停止使用。

人民法院在确定使用费时,可以根据权利人通常对外许可该技术秘密的使用费或者使用人取得该技术秘密所支付的使用费,并考虑该技术秘密的研究开发成本、成果转化和应用程度以及使用人的使用规模、经济效益等因素合理确定。

不论使用人是否继续使用技术秘密,人民法院均应当判令其向权利人支付已使用期间的使用费。使用人已向无效合同的让与人支付的使用费应当由让与人负责返还。

第十四条 对技术合同的价款、报酬和使用费，当事人没有约定或者约定不明确的，人民法院可以按照以下原则处理：

（一）对于技术开发合同和技术转让合同，根据有关技术成果的研究开发成本、先进性、实施转化和应用的程度，当事人享有的权益和承担的责任，以及技术成果的经济效益等合理确定；

（二）对于技术咨询合同和技术服务合同，根据有关咨询服务工作的技术含量、质量和数量，以及已经产生和预期产生的经济效益等合理确定。

技术合同价款、报酬、使用费中包含非技术性款项的，应当分项计算。

第十五条 技术合同当事人一方迟延履行主要债务，经催告后在30日内仍未履行，另一方依据合同法第九十四条第（三）项的规定主张解除合同的，人民法院应当予以支持。

当事人在催告通知中附有履行期限且该期限超过30日的，人民法院应当认定该履行期限为合同法第九十四条第（三）项规定的合理期限。

第十六条 当事人以技术成果向企业出资但未明确约定权属，接受出资的企业主张该技术成果归其享有的，人民法院一般应当予以支持，但是该技术成果价值与该技术成果所占出资额比例明显不合理损害出资人利益的除外。

当事人对技术成果的权属约定有比例的，视为共同所有，其权利使用和利益分配，按共有技术成果的有关规定处理，但当事人另有约定的，从其约定。

当事人对技术成果的使用权约定有比例的，人民法院可以视为当事人对实施该项技术成果所获收益的分配比例，但当事人另有约定的，从其约定。

二、技术开发合同

第十七条 合同法第三百三十条所称"新技术、新产品、新工艺、新材料及其系统"，包括当事人在订立技术合同时尚未掌握的产品、工艺、材料及其系统等技术方案，但对技术上没有创新的现有产品的改型、工艺变更、材料配方调整以及对技术成果的验证、测试和使用除外。

第十八条 合同法第三百三十条第四款规定的"当事人之间就具有产业应用价值的科技成果实施转化订立的"技术转化合同，是指当事人之间就具有实用价值但尚未实现工业化应用的科技成果包括阶段性技术成果，以实现该科技成果工业化应用为目标，约定后续试验、开发和应用等内容的合同。

第十九条 合同法第三百三十五条所称"分工参与研究开发工作"，包括当事人按照约定的计划和分工，共同或者分别承担设计、工艺、试验、试制等工作。

技术开发合同当事人一方仅提供资金、设备、材料等物质条件或者承担辅助协作事项，另一方进行研究开发工作的，属于委托开发合同。

第二十条 合同法第三百四十一条所称"当事人均有使用和转让的权利"，包括当事人均有不经对方同意而自己使用或者以普通使用许可的方式许可他人使用技术秘密，并独占由此所获利益的权利。当事人一方将技术秘密成果的转让权让与他人，或者以独占或者排他使用许可的方式许可他人使用技术秘密，未经对方当事人同意或者追认的，应当认定该让与或者许可行为无效。

第二十一条 技术开发合同当事人依照合同法的规定或者约定自行实施专利或使用技术秘密，但因其不具备独立实施专利或者使用技术秘密的条件，以一个普通许可方式许可他人实施或者使用的，可以准许。

三、技术转让合同

第二十二条 合同法第三百四十二条规定的"技术转让合同"，是指合法拥有技术的权利人，包括其他有权对外转让技术的人，将现有特定的专利、专利申请、技术秘密的相关权利让与他人，或者许可他人实施、使用所订立的合同。但就尚待研究开发的技术成果或者不涉及专利、专利申请或者技术秘密的知识、技术、经验和信息所订立的合同除外。

技术转让合同中关于让与人向受让人提供实施技术的专用设备、原材料或者提供有关的技术咨询、技术服务的约定，属于技术转让合同的组成部分。因此发生的纠纷，按照技术转让合同处理。

当事人以技术入股方式订立联营合同，但技术入股人不参与联营体的经营管理，并且以保底条款形式约定联营体或者联营对方支付其技术价款或者使用费的，视为技术转让合同。

第二十三条 专利申请权转让合同当事人以专利申请被驳回或者被视为撤回为由请求解除合同，该事实发生在依照专利法第十条第三款的规定办理专利申请权转让登记之前的，人民法院应当予以支持；发生在转让登记之后的，不予支持，但当事人另有约定的除外。

专利申请因专利申请权转让合同成立时即存在尚未公开的同样发明创造的在先专利申请被驳回，当事人依据合同法第五十四条第一款第（二）项的规定请求予以变更或者撤销合同的，人民法院应当予以支持。

第二十四条 订立专利权转让合同或者专利申请权转让合同前，让与人自己已经实施发明创造，在合同生效后，受让人要求让与人停止实施的，人民法院应当予以支持，但当事人另有约定的除外。

让与人与受让人订立的专利权、专利申请权转让合同，不影响在合同成立前让与人与他人订立的相关专利实施许可合同或者技术秘密转让合同的效力。

第二十五条　专利实施许可包括以下方式：

（一）独占实施许可，是指让与人在约定许可实施专利的范围内，将该专利仅许可一个受让人实施，让与人依约定不得实施该专利；

（二）排他实施许可，是指让与人在约定许可实施专利的范围内，将该专利仅许可一个受让人实施，但让与人依约定可以自行实施该专利；

（三）普通实施许可，是指让与人在约定许可实施专利的范围内许可他人实施该专利，并且可以自行实施该专利。

当事人对专利实施许可方式没有约定或者约定不明确的，认定为普通实施许可。专利实施许可合同约定受让人可以再许可他人实施专利的，认定该再许可为普通实施许可，但当事人另有约定的除外。

技术秘密的许可使用方式，参照本条第一、二款的规定确定。

第二十六条　专利实施许可合同让与人负有在合同有效期内维持专利权有效的义务，包括依法缴纳专利年费和积极应对他人提出宣告专利权无效的请求，但当事人另有约定的除外。

第二十七条　排他实施许可合同让与人不具备独立实施其专利的条件，以一个普通许可的方式许可他人实施专利的，人民法院可以认定为让与人自己实施专利，但当事人另有约定的除外。

第二十八条　合同法第三百四十三条所称"实施专利或者使用技术秘密的范围",包括实施专利或者使用技术秘密的期限、地域、方式以及接触技术秘密的人员等。

当事人对实施专利或者使用技术秘密的期限没有约定或者约定不明确的,受让人实施专利或者使用技术秘密不受期限限制。

第二十九条　合同法第三百四十七条规定技术秘密转让合同让与人承担的"保密义务",不限制其申请专利,但当事人约定让与人不得申请专利的除外。

当事人之间就申请专利的技术成果所订立的许可使用合同,专利申请公开以前,适用技术秘密转让合同的有关规定;发明专利申请公开以后、授权以前,参照适用专利实施许可合同的有关规定;授权以后,原合同即为专利实施许可合同,适用专利实施许可合同的有关规定。

人民法院不以当事人就已经申请专利但尚未授权的技术订立专利实施许可合同为由,认定合同无效。

四、技术咨询合同和技术服务合同

第三十条　合同法第三百五十六条第一款所称"特定技术项目",包括有关科学技术与经济社会协调发展的软科学研究项目、促进科技进步和管理现代化、提高经济效益和社会效益等运用科学知识和技术手段进行调查、分析、论证、评价、预测的专业性技术项目。

第三十一条　当事人对技术咨询合同受托人进行调查研究、分析论证、试验测定等所需费用的负担没有约定或者约定不明确的,由受托人承担。

当事人对技术咨询合同委托人提供的技术资料和数据或者受托人提出的咨询报告和意见未约定保密义务,当事人一方引用、发表或者向第三人提供的，不认定为违约行为，但侵害对方当事人对此享有的合法权益的，应当依法承担民事责任。

第三十二条 技术咨询合同受托人发现委托人提供的资料、数据等有明显错误或者缺陷，未在合理期限内通知委托人的，视为其对委托人提供的技术资料、数据等予以认可。委托人在接到受托人的补正通知后未在合理期限内答复并予补正的，发生的损失由委托人承担。

第三十三条 合同法第三百五十六条第二款所称"特定技术问题"，包括需要运用专业技术知识、经验和信息解决的有关改进产品结构、改良工艺流程、提高产品质量、降低产品成本、节约资源能耗、保护资源环境、实现安全操作、提高经济效益和社会效益等专业技术问题。

第三十四条 当事人一方以技术转让的名义提供已进入公有领域的技术，或者在技术转让合同履行过程中合同标的技术进入公有领域，但是技术提供方进行技术指导、传授技术知识，为对方解决特定技术问题符合约定条件的，按照技术服务合同处理，约定的技术转让费可以视为提供技术服务的报酬和费用，但是法律、行政法规另有规定的除外。

依照前款规定，技术转让费视为提供技术服务的报酬和费用明显不合理的，人民法院可以根据当事人的请求合理确定。

第三十五条 当事人对技术服务合同受托人提供服务所需费用的负担没有约定或者约定不明确的，由受托人承担。

技术服务合同受托人发现委托人提供的资料、数据、样品、材料、场地等工作条件不符合约定，未在合理期限内通知委托人的，视为其对委托人提供的工作条件予以认可。委托人在接到受托人的补正通知后未在合理期限内答复并予补正的，发生的损失由委托人承担。

第三十六条 合同法第三百六十四条规定的"技术培训合同",是指当事人一方委托另一方对指定的学员进行特定项目的专业技术训练和技术指导所订立的合同,不包括职业培训、文化学习和按照行业、法人或者其他组织的计划进行的职工业余教育。

第三十七条 当事人对技术培训必需的场地、设施和试验条件等工作条件的提供和管理责任没有约定或者约定不明确的,由委托人负责提供和管理。

技术培训合同委托人派出的学员不符合约定条件,影响培训质量的,由委托人按照约定支付报酬。

受托人配备的教员不符合约定条件,影响培训质量,或者受托人未按照计划和项目进行培训,导致不能实现约定培训目标的,应当减收或者免收报酬。

受托人发现学员不符合约定条件或者委托人发现教员不符合约定条件,未在合理期限内通知对方,或者接到通知的一方未在合理期限内按约定改派的,应当由负有履行义务的当事人承担相应的民事责任。

第三十八条 合同法第三百六十四条规定的"技术中介合同",是指当事人一方以知识、技术、经验和信息为另一方与第三人订立技术合同进行联系、介绍以及对履行合同提供专门服务所订立的合同。

第三十九条 中介人从事中介活动的费用,是指中介人在委托人和第三人订立技术合同前,进行联系、介绍活动所支出的通信、交通和必要的调查研究等费用。中介人的报酬,是指中介人为委托人与第三人订立技术合同以及对履行该合同提供服务应当得到的收益。

当事人对中介人从事中介活动的费用负担没有约定或者约定不明确的,由中介人承担。当事人约定该费用由委托人承担但未约定具体数额或者计算方法的,由委托人支付中介人从事中介活动支出的必要费用。

当事人对中介人的报酬数额没有约定或者约定不明确的,应当根据中介人所进行的劳务合理确定,并由委托人承担。仅在委托人与第三人订立的技术合同中约定中介条款,但未约定给付中介人报酬或者约定不明确的,应当支付的报酬由委托人和第三人平均承担。

第四十条 中介人未促成委托人与第三人之间的技术合同成立的,其要求支付报酬的请求,人民法院不予支持;其要求委托人支付其从事中介活动必要费用的请求,应当予以支持,但当事人另有约定的除外。

中介人隐瞒与订立技术合同有关的重要事实或者提供虚假情况,侵害委托人利益的,应当根据情况免收报酬并承担赔偿责任。

第四十一条 中介人对造成委托人与第三人之间的技术合同的无效或者被撤销没有过错,并且该技术合同的无效或者被撤销不影响有关中介条款或者技术中介合同继续有效,中介人要求按照约定或者本解释的有关规定给付从事中介活动的费用和报酬的,人民法院应当予以支持。

中介人收取从事中介活动的费用和报酬不应当被视为委托人与第三人之间的技术合同纠纷中一方当事人的损失。

五、与审理技术合同纠纷有关的程序问题

第四十二条 当事人将技术合同和其他合同内容或者将不同类型的技术合同内容订立在一个合同中的,应当根据当事人争议的权利义务内容,确定案件的性质和案由。

技术合同名称与约定的权利义务关系不一致的,应当按照约定的权利义务内容,确定合同的类型和案由。

技术转让合同中约定让与人负责包销或者回购受让人实施合同标的技术制造的产品,仅因让与人不履行或者不能全部履行包销或者回购义务引起纠纷,不涉及技术问题的,应当按照包销或者回购条款约定的权利义务内容确定案由。

第四十三条 技术合同纠纷案件一般由中级以上人民法院管辖。

各高级人民法院根据本辖区的实际情况并报经最高人民法院批准,可以指定若干基层人民法院管辖第一审技术合同纠纷案件。

其他司法解释对技术合同纠纷案件管辖另有规定的,从其规定。

合同中既有技术合同内容,又有其他合同内容,当事人就技术合同内容和其他合同内容均发生争议的,由具有技术合同纠纷案件管辖权的人民法院受理。

第四十四条 一方当事人以诉讼争议的技术合同侵害他人技术成果为由请求确认合同无效,或者人民法院在审理技术合同纠纷中发现可能存在该无效事由的,人民法院应当依法通知有关利害关系人,其可以作为有独立请求权的第三人参加诉讼或者依法向有管辖权的人民法院另行起诉。

利害关系人在接到通知后15日内不提起诉讼的,不影响人民法院对案件的审理。

第四十五条 第三人向受理技术合同纠纷案件的人民法院就合同标的技术提出权属或者侵权请求时,受诉人民法院对此也有管辖权的,可以将权属或者侵权纠纷与合同纠纷合并审理;受诉人民法院对此没有管辖权的,应当告知其向有管辖权的人民法院另行起诉或者将已经受理的权属或者侵权纠纷案件移送有管辖权的人民法院。权属或者侵权纠纷另案受理后,合同纠纷应当中止诉讼。

专利实施许可合同诉讼中,受让人或者第三人向专利复审委员会请求宣告专利权无效的,人民法院可以不中止诉讼。在案件审理过程中专利权被宣告无效的,按照专利法第四十七条第二款和第三款的规定处理。

六、其他

第四十六条 集成电路布图设计、植物新品种许可使用和转让等合同争议,相关行政法规另有规定的,适用其规定;没有规定的,适用合同法总则的规定,并可以参照合同法第十八章和本解释的有关规定处理。

计算机软件开发、许可使用和转让等合同争议,著作权法以及其他法律、行政法规另有规定的,依照其规定;没有规定的,适用合同法总则的规定,并可以参照合同法第十八章和本解释的有关规定处理。

第四十七条 本解释自2005年1月1日起施行。

最高人民法院关于审理买卖合同
纠纷案件适用法律问题的解释

法释〔2012〕8号

中华人民共和国最高人民法院公告

《最高人民法院关于审理买卖合同纠纷案件适用法律问题的解释》已于2012年3月31日由最高人民法院审判委员会第1545次会议通过,现予公布,自2012年7月1日起施行。

二〇一二年五月十日

为正确审理买卖合同纠纷案件,根据《中华人民共和国民法通则》、《中华人民共和国合同法》、《中华人民共和国物权法》、《中华人民共和国民事诉讼法》等法律的规定,结合审判实践,制定本解释。

一、买卖合同的成立及效力

第一条 当事人之间没有书面合同,一方以送货单、收货单、结算单、发票等主张存在买卖合同关系的,人民法院应当结合当事人之间的交易方式、交易习惯以及其他相关证据,对买卖合同是否成立作出认定。

对账确认函、债权确认书等函件、凭证没有记载债权人名称,买卖合同当事人一方以此证明存在买卖合同关系的,人民法院应予支持,但有相反证据足以推翻的除外。

第二条 当事人签订认购书、订购书、预订书、意向书、备忘录等预约合同，约定在将来一定期限内订立买卖合同，一方不履行订立买卖合同的义务，对方请求其承担预约合同违约责任或者要求解除预约合同并主张损害赔偿的，人民法院应予支持。

第三条 当事人一方以出卖人在缔约时对标的物没有所有权或者处分权为由主张合同无效的，人民法院不予支持。

出卖人因未取得所有权或者处分权致使标的物所有权不能转移，买受人要求出卖人承担违约责任或者要求解除合同并主张损害赔偿的，人民法院应予支持。

第四条 人民法院在按照合同法的规定认定电子交易合同的成立及效力的同时，还应当适用电子签名法的相关规定。

二、标的物交付和所有权转移

第五条 标的物为无需以有形载体交付的电子信息产品，当事人对交付方式约定不明确，且依照合同法第六十一条的规定仍不能确定的，买受人收到约定的电子信息产品或者权利凭证即为交付。

第六条 根据合同法第一百六十二条的规定，买受人拒绝接收多交部分标的物的，可以代为保管多交部分标的物。买受人主张出卖人负担代为保管期间的合理费用的，人民法院应予支持。

买受人主张出卖人承担代为保管期间非因买受人故意或者重大过失造成的损失的，人民法院应予支持。

第七条 合同法第一百三十六条规定的"提取标的物单证以外的有关单证和资料"，主要应当包括保险单、保修单、普通发票、增值税专用发票、产品合格证、质量保证书、质量鉴定书、品质检验证书、产品进出口检疫书、原产地证明书、使用说明书、装箱单等。

第八条 出卖人仅以增值税专用发票及税款抵扣资料证明其已履行交付标的物义务，买受人不认可的，出卖人应当提供其他证据证明交付标的物的事实。

合同约定或者当事人之间习惯以普通发票作为付款凭证，买受人以普通发票证明已经履行付款义务的，人民法院应予支持，但有相反证据足以推翻的除外。

第九条　出卖人就同一普通动产订立多重买卖合同，在买卖合同均有效的情况下，买受人均要求实际履行合同的，应当按照以下情形分别处理：

（一）先行受领交付的买受人请求确认所有权已经转移的，人民法院应予支持；

（二）均未受领交付，先行支付价款的买受人请求出卖人履行交付标的物等合同义务的，人民法院应予支持；

（三）均未受领交付，也未支付价款，依法成立在先合同的买受人请求出卖人履行交付标的物等合同义务的，人民法院应予支持。

第十条　出卖人就同一船舶、航空器、机动车等特殊动产订立多重买卖合同，在买卖合同均有效的情况下，买受人均要求实际履行合同的，应当按照以下情形分别处理：

（一）先行受领交付的买受人请求出卖人履行办理所有权转移登记手续等合同义务的，人民法院应予支持；

（二）均未受领交付，先行办理所有权转移登记手续的买受人请求出卖人履行交付标的物等合同义务的，人民法院应予支持；

（三）均未受领交付，也未办理所有权转移登记手续，依法成立在先合同的买受人请求出卖人履行交付标的物和办理所有权转移登记手续等合同义务的，人民法院应予支持；

（四）出卖人将标的物交付给买受人之一，又为其他买受人办理所有权转移登记，已受领交付的买受人请求将标的物所有权登记在自己名下的，人民法院应予支持。

三、标的物风险负担

第十一条　合同法第一百四十一条第二款第（一）项规定的

"标的物需要运输的"，是指标的物由出卖人负责办理托运，承运人系独立于买卖合同当事人之外的运输业者的情形。标的物毁损、灭失的风险负担，按照合同法第一百四十五条的规定处理。

第十二条　出卖人根据合同约定将标的物运送至买受人指定地点并交付给承运人后，标的物毁损、灭失的风险由买受人负担，但当事人另有约定的除外。

第十三条　出卖人出卖交由承运人运输的在途标的物，在合同成立时知道或者应当知道标的物已经毁损、灭失却未告知买受人，买受人主张出卖人负担标的物毁损、灭失的风险的，人民法院应予支持。

第十四条　当事人对风险负担没有约定，标的物为种类物，出卖人未以装运单据、加盖标记、通知买受人等可识别的方式清楚地将标的物特定于买卖合同，买受人主张不负担标的物毁损、灭失的风险的，人民法院应予支持。

四、标的物检验

第十五条　当事人对标的物的检验期间未作约定，买受人签收的送货单、确认单等载明标的物数量、型号、规格的，人民法院应当根据合同法第一百五十七条的规定，认定买受人已对数量和外观瑕疵进行了检验，但有相反证据足以推翻的除外。

第十六条　出卖人依照买受人的指示向第三人交付标的物，出卖人和买受人之间约定的检验标准与买受人和第三人之间约定的检验标准不一致的，人民法院应当根据合同法第六十四条的规定，以出卖人和买受人之间约定的检验标准为标的物的检验标准。

第十七条　人民法院具体认定合同法第一百五十八条第二款规定的"合理期间"时，应当综合当事人之间的交易性质、交易目的、交易方式、交易习惯、标的物的种类、数量、性质、安装和使用情况、瑕疵的性质、买受人应尽的合理注意义务、检验方法和难易程度、买受人或者检验人所处的具体环境、自身技能以及其他合理因素,依据诚实信用原则进行判断。

合同法第一百五十八条第二款规定的"两年"是最长的合理期间。该期间为不变期间,不适用诉讼时效中止、中断或者延长的规定。

第十八条 约定的检验期间过短,依照标的物的性质和交易习惯,买受人在检验期间内难以完成全面检验的,人民法院应当认定该期间为买受人对外观瑕疵提出异议的期间,并根据本解释第十七条第一款的规定确定买受人对隐蔽瑕疵提出异议的合理期间。

约定的检验期间或者质量保证期间短于法律、行政法规规定的检验期间或者质量保证期间的,人民法院应当以法律、行政法规规定的检验期间或者质量保证期间为准。

第十九条 买受人在合理期间内提出异议,出卖人以买受人已经支付价款、确认欠款数额、使用标的物等为由,主张买受人放弃异议的,人民法院不予支持,但当事人另有约定的除外。

第二十条 合同法第一百五十八条规定的检验期间、合理期间、两年期间经过后,买受人主张标的物的数量或者质量不符合约定的,人民法院不予支持。

出卖人自愿承担违约责任后,又以上述期间经过为由翻悔的,人民法院不予支持。

五、违约责任

第二十一条 买受人依约保留部分价款作为质量保证金,出卖人在质量保证期间未及时解决质量问题而影响标的物的价值或者使用效果,出卖人主张支付该部分价款的,人民法院不予支持。

第二十二条 买受人在检验期间、质量保证期间、合理期间内提出质量异议,出卖人未按要求予以修理或者因情况紧急,买受人自行或者通过第三人修理标的物后,主张出卖人负担因此发生的合理费用的，人民法院应予支持。

第二十三条 标的物质量不符合约定，买受人依照合同法第一百一十一条的规定要求减少价款的，人民法院应予支持。当事人主张以符合约定的标的物和实际交付的标的物按交付时的市场价值计算差价的，人民法院应予支持。

价款已经支付，买受人主张返还减价后多出部分价款的，人民法院应予支持。

第二十四条 买卖合同对付款期限作出的变更，不影响当事人关于逾期付款违约金的约定，但该违约金的起算点应当随之变更。

买卖合同约定逾期付款违约金，买受人以出卖人接受价款时未主张逾期付款违约金为由拒绝支付该违约金的，人民法院不予支持。

买卖合同约定逾期付款违约金，但对账单、还款协议等未涉及逾期付款责任，出卖人根据对账单、还款协议等主张欠款时请求买受人依约支付逾期付款违约金的，人民法院应予支持，但对账单、还款协议等明确载有本金及逾期付款利息数额或者已经变更买卖合同中关于本金、利息等约定内容的除外。

买卖合同没有约定逾期付款违约金或者该违约金的计算方法，出卖人以买受人违约为由主张赔偿逾期付款损失的，人民法院可以中国人民银行同期同类人民币贷款基准利率为基础，参照逾期罚息利率标准计算。

第二十五条 出卖人没有履行或者不当履行从给付义务，致使买受人不能实现合同目的，买受人主张解除合同的，人民法院应当根据合同法第九十四条第（四）项的规定，予以支持。

第二十六条 买卖合同因违约而解除后，守约方主张继续适用违约金条款的，人民法院应予支持；但约定的违约金过分高于造成的损失的，人民法院可以参照合同法第一百一十四条第二款的规定处理。

第二十七条 买卖合同当事人一方以对方违约为由主张支付违约金，对方以合同不成立、合同未生效、合同无效或者不构成违约等为由进行免责抗辩而未主张调整过高的违约金的，人民法院应当就法院若不支持免责抗辩，当事人是否需要主张调整违约金进行释明。

一审法院认为免责抗辩成立且未予释明，二审法院认为应当判决支付违约金的，可以直接释明并改判。

第二十八条 买卖合同约定的定金不足以弥补一方违约造成的损失，对方请求赔偿超过定金部分的损失的，人民法院可以并处，但定金和损失赔偿的数额总和不应高于因违约造成的损失。

第二十九条 买卖合同当事人一方违约造成对方损失，对方主张赔偿可得利益损失的，人民法院应当根据当事人的主张，依据合同法第一百一十三条、第一百一十九条、本解释第三十条、第三十一条等规定进行认定。

第三十条 买卖合同当事人一方违约造成对方损失，对方对损失的发生也有过错，违约方主张扣减相应的损失赔偿额的，人民法院应予支持。

第三十一条 买卖合同当事人一方因对方违约而获有利益，违约方主张从损失赔偿额中扣除该部分利益的，人民法院应予支持。

第三十二条 合同约定减轻或者免除出卖人对标的物的瑕疵担保责任，但出卖人故意或者因重大过失不告知买受人标的物的瑕疵，出卖人主张依约减轻或者免除瑕疵担保责任的，人民法院不予支持。

第三十三条 买受人在缔约时知道或者应当知道标的物质量存在瑕疵，主张出卖人承担瑕疵担保责任的，人民法院不予支持,但买受人在缔约时不知道该瑕疵会导致标的物的基本效用显著降低的除外。

六、所有权保留

第三十四条 买卖合同当事人主张合同法第一百三十四条关于标的物所有权保留的规定适用于不动产的,人民法院不予支持。

第三十五条 当事人约定所有权保留,在标的物所有权转移前,买受人有下列情形之一,对出卖人造成损害,出卖人主张取回标的物的,人民法院应予支持:

(一)未按约定支付价款的;

(二)未按约定完成特定条件的;

(三)将标的物出卖、出质或者作出其他不当处分的。

取回的标的物价值显著减少,出卖人要求买受人赔偿损失的,人民法院应予支持。

第三十六条 买受人已经支付标的物总价款的百分之七十五以上,出卖人主张取回标的物的,人民法院不予支持。

在本解释第三十五条第一款第(三)项情形下,第三人依据物权法第一百零六条的规定已经善意取得标的物所有权或者其他物权,出卖人主张取回标的物的,人民法院不予支持。

第三十七条 出卖人取回标的物后,买受人在双方约定的或者出卖人指定的回赎期间内,消除出卖人取回标的物的事由,主张回赎标的物的,人民法院应予支持。

买受人在回赎期间内没有回赎标的物的,出卖人可以另行出卖标的物。

出卖人另行出卖标的物的,出卖所得价款依次扣除取回和保管费用、再交易费用、利息、未清偿的价金后仍有剩余的,应返还原买受人;如有不足,出卖人要求原买受人清偿的,人民法院应予支持,但原买受人有证据证明出卖人另行出卖的价格明显低于市场价格的除外。

七、特种买卖

第三十八条 合同法第一百六十七条第一款规定的"分期付款",系指买受人将应付的总价款在一定期间内至少分三次向出卖人支付。

分期付款买卖合同的约定违反合同法第一百六十七条第一款的规定,损害买受人利益,买受人主张该约定无效的,人民法院应予支持。

第三十九条 分期付款买卖合同约定出卖人在解除合同时可以扣留已受领价金,出卖人扣留的金额超过标的物使用费以及标的物受损赔偿额,买受人请求返还超过部分的,人民法院应予支持。

当事人对标的物的使用费没有约定的,人民法院可以参照当地同类标的物的租金标准确定。

第四十条 合同约定的样品质量与文字说明不一致且发生纠纷时当事人不能达成合意,样品封存后外观和内在品质没有发生变化的,人民法院应当以样品为准;外观和内在品质发生变化,或者当事人对是否发生变化有争议而又无法查明的,人民法院应当以文字说明为准。

第四十一条 试用买卖的买受人在试用期内已经支付一部分价款的,人民法院应当认定买受人同意购买,但合同另有约定的除外。

在试用期内,买受人对标的物实施了出卖、出租、设定担保物权等非试用行为的,人民法院应当认定买受人同意购买。

第四十二条 买卖合同存在下列约定内容之一的,不属于试用买卖。买受人主张属于试用买卖的,人民法院不予支持:

(一)约定标的物经过试用或者检验符合一定要求时,买受人应当购买标的物;

（二）约定第三人经试验对标的物认可时，买受人应当购买标的物；

（三）约定买受人在一定期间内可以调换标的物；

（四）约定买受人在一定期间内可以退还标的物。

第四十三条 试用买卖的当事人没有约定使用费或者约定不明确，出卖人主张买受人支付使用费的，人民法院不予支持。

八、其他问题

第四十四条 出卖人履行交付义务后诉请买受人支付价款，买受人以出卖人违约在先为由提出异议的，人民法院应当按照下列情况分别处理：

（一）买受人拒绝支付违约金、拒绝赔偿损失或者主张出卖人应当采取减少价款等补救措施的，属于提出抗辩；

（二）买受人主张出卖人应支付违约金、赔偿损失或者要求解除合同的，应当提起反诉。

第四十五条 法律或者行政法规对债权转让、股权转让等权利转让合同有规定的，依照其规定；没有规定的，人民法院可以根据合同法第一百二十四条和第一百七十四条的规定，参照适用买卖合同的有关规定。

权利转让或者其他有偿合同参照适用买卖合同的有关规定的，人民法院应当首先引用合同法第一百七十四条的规定，再引用买卖合同的有关规定。

第四十六条 本解释施行前本院发布的有关购销合同、销售合同等有偿转移标的物所有权的合同的规定，与本解释抵触的，自本解释施行之日起不再适用。

本解释施行后尚未终审的买卖合同纠纷案件，适用本解释；本解释施行前已经终审，当事人申请再审或者按照审判监督程序决定再审的，不适用本解释。

最高人民法院关于审理融资租赁合同纠纷案件适用法律问题的解释

法释〔2014〕3号

中华人民共和国最高人民法院公告

《最高人民法院关于审理融资租赁合同纠纷案件适用法律问题的解释》已于2013年11月25日由最高人民法院审判委员会第1597次会议通过,现予公布,自2014年3月1日起施行。

最高人民法院
2014年2月24日

为正确审理融资租赁合同纠纷案件,根据《中华人民共和国合同法》《中华人民共和国物权法》《中华人民共和国民事诉讼法》等法律的规定,结合审判实践,制定本解释。

一、融资租赁合同的认定及效力

第一条 人民法院应当根据合同法第二百三十七条的规定,结合标的物的性质、价值、租金的构成以及当事人的合同权利和义务,对是否构成融资租赁法律关系作出认定。

对名为融资租赁合同,但实际不构成融资租赁法律关系的,人民法院应按照其实际构成的法律关系处理。

第二条 承租人将其自有物出卖给出租人,再通过融资租赁合同将租赁物从出租人处租回的,人民法院不应仅以承租人和出卖人系同一人为由认定不构成融资租赁法律关系。

第三条 根据法律、行政法规规定,承租人对于租赁物的经营使用应当取得行政许可的,人民法院不应仅以出租人未取得行政许可为由认定融资租赁合同无效。

第四条 融资租赁合同被认定无效,当事人就合同无效情形下租赁物归属有约定的,从其约定;未约定或者约定不明,且当事人协商不成的,租赁物应当返还出租人。但因承租人原因导致合同无效,出租人不要求返还租赁物,或者租赁物正在使用,返还出租人后会显著降低租赁物价值和效用的,人民法院可以判决租赁物所有权归承租人,并根据合同履行情况和租金支付情况,由承租人就租赁物进行折价补偿。

二、合同的履行和租赁物的公示

第五条 出卖人违反合同约定的向承租人交付标的物的义务,承租人因下列情形之一拒绝受领租赁物的,人民法院应予支持:

(一)租赁物严重不符合约定的;

(二)出卖人未在约定的交付期间或者合理期间内交付租赁物,经承租人或者出租人催告,在催告期满后仍未交付的。

承租人拒绝受领租赁物,未及时通知出租人,或者无正当理由拒绝受领租赁物,造成出租人损失,出租人向承租人主张损害赔偿的,人民法院应予支持。

第六条 承租人对出卖人行使索赔权,不影响其履行融资租赁合同项下支付租金的义务,但承租人以依赖出租人的技能确定租赁物或者出租人干预选择租赁物为由,主张减轻或者免除相应租金支付义务的除外。

第七条 承租人占有租赁物期间,租赁物毁损、灭失的风险由承租人承担,出租人要求承租人继续支付租金的,人民法院应予支持。但当事人另有约定或者法律另有规定的除外。

第八条 出租人转让其在融资租赁合同项下的部分或者全部权利，受让方以此为由请求解除或者变更融资租赁合同的，人民法院不予支持。

第九条 承租人或者租赁物的实际使用人，未经出租人同意转让租赁物或者在租赁物上设立其他物权，第三人依据物权法第一百零六条的规定取得租赁物的所有权或者其他物权，出租人主张第三人物权权利不成立的，人民法院不予支持，但有下列情形之一的除外：

（一）出租人已在租赁物的显著位置作出标识，第三人在与承租人交易时知道或者应当知道该物为租赁物的；

（二）出租人授权承租人将租赁物抵押给出租人并在登记机关依法办理抵押权登记的；

（三）第三人与承租人交易时，未按照法律、行政法规、行业或者地区主管部门的规定在相应机构进行融资租赁交易查询的；

（四）出租人有证据证明第三人知道或者应当知道交易标的物为租赁物的其他情形。

第十条 当事人约定租赁期间届满后租赁物归出租人的，因租赁物毁损、灭失或者附合、混同于他物导致承租人不能返还，出租人要求其给予合理补偿的，人民法院应予支持。

三、合同的解除

第十一条 有下列情形之一，出租人或者承租人请求解除融资租赁合同的，人民法院应予支持：

（一）出租人与出卖人订立的买卖合同解除、被确认无效或者被撤销，且双方未能重新订立买卖合同的；

（二）租赁物因不可归责于双方的原因意外毁损、灭失，且不能修复或者确定替代物的；

（三）因出卖人的原因致使融资租赁合同的目的不能实现的。

第十二条 有下列情形之一，出租人请求解除融资租赁合同的，人民法院应予支持：

（一）承租人未经出租人同意，将租赁物转让、转租、抵押、质押、投资入股或者以其他方式处分租赁物的；

（二）承租人未按照合同约定的期限和数额支付租金，符合合同约定的解除条件，经出租人催告后在合理期限内仍不支付的；

（三）合同对于欠付租金解除合同的情形没有明确约定，但承租人欠付租金达到两期以上，或者数额达到全部租金百分之十五以上，经出租人催告后在合理期限内仍不支付的；

（四）承租人违反合同约定，致使合同目的不能实现的其他情形。

第十三条 因出租人的原因致使承租人无法占有、使用租赁物，承租人请求解除融资租赁合同的，人民法院应予支持。

第十四条 当事人在一审诉讼中仅请求解除融资租赁合同，未对租赁物的归属及损失赔偿提出主张的，人民法院可以向当事人进行释明。

第十五条 融资租赁合同因租赁物交付承租人后意外毁损、灭失等不可归责于当事人的原因而解除，出租人要求承租人按照租赁物折旧情况给予补偿的，人民法院应予支持。

第十六条 融资租赁合同因买卖合同被解除、被确认无效或者被撤销而解除，出租人根据融资租赁合同约定，或者以融资租赁合同虽未约定或约定不明，但出卖人及租赁物系由承租人选择为由，主张承租人赔偿相应损失的，人民法院应予支持。

出租人的损失已经在买卖合同被解除、被确认无效或者被撤销时获得赔偿的，应当免除承租人相应的赔偿责任。

四、违约责任

第十七条 出租人有下列情形之一，影响承租人对租赁物的占有和使用，承租人依照合同法第二百四十五条的规定，要求出租人赔偿相应损失的，人民法院应予支持：

（一）无正当理由收回租赁物；

（二）无正当理由妨碍、干扰承租人对租赁物的占有和使用；

（三）因出租人的原因导致第三人对租赁物主张权利；

（四）不当影响承租人对租赁物占有、使用的其他情形。

第十八条 出租人有下列情形之一，导致承租人对出卖人索赔逾期或者索赔失败，承租人要求出租人承担相应责任的，人民法院应予支持：

（一）明知租赁物有质量瑕疵而不告知承租人的；

（二）承租人行使索赔权时，未及时提供必要协助的；

（三）怠于行使融资租赁合同中约定的只能由出租人行使对出卖人的索赔权的；

（四）怠于行使买卖合同中约定的只能由出租人行使对出卖人的索赔权的。

第十九条 租赁物不符合融资租赁合同的约定且出租人实施了下列行为之一，承租人依照合同法第二百四十一条、第二百四十四条的规定，要求出租人承担相应责任的，人民法院应予支持：

（一）出租人在承租人选择出卖人、租赁物时，对租赁物的选定起决定作用的；

（二）出租人干预或者要求承租人按照出租人意愿选择出卖人或者租赁物的；

（三）出租人擅自变更承租人已经选定的出卖人或者租赁物的。

承租人主张其系依赖出租人的技能确定租赁物或者出租人干预选择租赁物的，对上述事实承担举证责任。

第二十条　承租人逾期履行支付租金义务或者迟延履行其他付款义务，出租人按照融资租赁合同的约定要求承租人支付逾期利息、相应违约金的，人民法院应予支持。

第二十一条　出租人既请求承租人支付合同约定的全部未付租金又请求解除融资租赁合同的，人民法院应告知其依照合同法第二百四十八条的规定作出选择。

出租人请求承租人支付合同约定的全部未付租金，人民法院判决后承租人未予履行，出租人再行起诉请求解除融资租赁合同、收回租赁物的，人民法院应予受理。

第二十二条　出租人依照本解释第十二条的规定请求解除融资租赁合同，同时请求收回租赁物并赔偿损失的，人民法院应予支持。

前款规定的损失赔偿范围为承租人全部未付租金及其他费用与收回租赁物价值的差额。合同约定租赁期间届满后租赁物归出租人所有的，损失赔偿范围还应包括融资租赁合同到期后租赁物的残值。

第二十三条　诉讼期间承租人与出租人对租赁物的价值有争议的，人民法院可以按照融资租赁合同的约定确定租赁物价值；融资租赁合同未约定或者约定不明的，可以参照融资租赁合同约定的租赁物折旧以及合同到期后租赁物的残值确定租赁物价值。

承租人或者出租人认为依前款确定的价值严重偏离租赁物实际价值的,可以请求人民法院委托有资质的机构评估或者拍卖确定。

五、其他规定

第二十四条 出卖人与买受人因买卖合同发生纠纷,或者出租人与承租人因融资租赁合同发生纠纷,当事人仅对其中一个合同关系提起诉讼,人民法院经审查后认为另一合同关系的当事人与案件处理结果有法律上的利害关系的,可以通知其作为第三人参加诉讼。

承租人与租赁物的实际使用人不一致,融资租赁合同当事人未对租赁物的实际使用人提起诉讼,人民法院经审查后认为租赁物的实际使用人与案件处理结果有法律上的利害关系的,可以通知其作为第三人参加诉讼。

承租人基于买卖合同和融资租赁合同直接向出卖人主张受领租赁物、索赔等买卖合同权利的,人民法院应通知出租人作为第三人参加诉讼。

第二十五条 当事人因融资租赁合同租金欠付争议向人民法院请求保护其权利的诉讼时效期间为两年,自租赁期限届满之日起计算。

第二十六条 本解释自2014年3月1日起施行。《最高人民法院关于审理融资租赁合同纠纷案件若干问题的规定》(法发〔1996〕19号)同时废止。

本解释施行后尚未终审的融资租赁合同纠纷案件,适用本解释;本解释施行前已经终审,当事人申请再审或者按照审判监督程序决定再审的,不适用本解释。

最高人民法院关于审理城镇房屋租赁合同纠纷案件具体应用法律若干问题的解释

法释〔2009〕11号

中华人民共和国最高人民法院公告

《最高人民法院关于审理城镇房屋租赁合同纠纷案件具体应用法律若干问题的解释》已于2009年6月22日由最高人民法院审判委员会第1469次会议通过,现予公布,自2009年9月1日起施行。

二〇〇九年七月三十日

为正确审理城镇房屋租赁合同纠纷案件,依法保护当事人的合法权益,根据《中华人民共和国民法通则》、《中华人民共和国物权法》、《中华人民共和国合同法》等法律规定,结合民事审判实践,制定本解释。

第一条 本解释所称城镇房屋,是指城市、镇规划区内的房屋。

乡、村庄规划区内的房屋租赁合同纠纷案件,可以参照本解释处理。但法律另有规定的,适用其规定。

当事人依照国家福利政策租赁公有住房、廉租住房、经济适用住房产生的纠纷案件,不适用本解释。

第二条 出租人就未取得建设工程规划许可证或者未按照建设工程规划许可证的规定建设的房屋,与承租人订立的租赁合同无效。但在一审法庭辩论终结前取得建设工程规划许可证或者经主管部门批准建设的，人民法院应当认定有效。

第三条 出租人就未经批准或者未按照批准内容建设的临时建筑，与承租人订立的租赁合同无效。但在一审法庭辩论终结前经主管部门批准建设的，人民法院应当认定有效。

租赁期限超过临时建筑的使用期限，超过部分无效。但在一审法庭辩论终结前经主管部门批准延长使用期限的，人民法院应当认定延长使用期限内的租赁期间有效。

第四条 当事人以房屋租赁合同未按照法律、行政法规规定办理登记备案手续为由，请求确认合同无效的，人民法院不予支持。

当事人约定以办理登记备案手续为房屋租赁合同生效条件的，从其约定。但当事人一方已经履行主要义务，对方接受的除外。

第五条 房屋租赁合同无效，当事人请求参照合同约定的租金标准支付房屋占有使用费的，人民法院一般应予支持。

当事人请求赔偿因合同无效受到的损失，人民法院依照合同法的有关规定和本司法解释第九条、第十三条、第十四条的规定处理。

第六条 出租人就同一房屋订立数份租赁合同，在合同均有效的情况下，承租人均主张履行合同的，人民法院按照下列顺序确定履行合同的承租人：

（一）已经合法占有租赁房屋的；

（二）已经办理登记备案手续的；

（三）合同成立在先的。

不能取得租赁房屋的承租人请求解除合同、赔偿损失的，依照合同法的有关规定处理。

第七条 承租人擅自变动房屋建筑主体和承重结构或者扩建，在出租人要求的合理期限内仍不予恢复原状，出租人请求解除合同并要求赔偿损失的，人民法院依照合同法第二百一十九条的规定处理。

第八条 因下列情形之一，导致租赁房屋无法使用，承租人请求解除合同的，人民法院应予支持：

（一）租赁房屋被司法机关或者行政机关依法查封的；

（二）租赁房屋权属有争议的；

（三）租赁房屋具有违反法律、行政法规关于房屋使用条件强制性规定情况的。

第九条 承租人经出租人同意装饰装修，租赁合同无效时，未形成附合的装饰装修物，出租人同意利用的，可折价归出租人所有；不同意利用的，可由承租人拆除。因拆除造成房屋毁损的，承租人应当恢复原状。

已形成附合的装饰装修物，出租人同意利用的，可折价归出租人所有；不同意利用的，由双方各自按照导致合同无效的过错分担现值损失。

第十条 承租人经出租人同意装饰装修，租赁期间届满或者合同解除时，除当事人另有约定外，未形成附合的装饰装修物，可由承租人拆除。因拆除造成房屋毁损的，承租人应当恢复原状。

第十一条 承租人经出租人同意装饰装修，合同解除时，双方对已形成附合的装饰装修物的处理没有约定的，人民法院按照下列情形分别处理：

（一）因出租人违约导致合同解除，承租人请求出租人赔偿剩余租赁期内装饰装修残值损失的，应予支持；

（二）因承租人违约导致合同解除，承租人请求出租人赔偿剩余租赁期内装饰装修残值损失的，不予支持。但出租人同意利用的，应在利用价值范围内予以适当补偿；

（三）因双方违约导致合同解除，剩余租赁期内的装饰装修残值损失，由双方根据各自的过错承担相应的责任；

（四）因不可归责于双方的事由导致合同解除的，剩余租赁期内的装饰装修残值损失，由双方按照公平原则分担。法律另有规定的，适用其规定。

第十二条 承租人经出租人同意装饰装修，租赁期间届满时，承租人请求出租人补偿附合装饰装修费用的，不予支持。但当事人另有约定的除外。

第十三条 承租人未经出租人同意装饰装修或者扩建发生的费用，由承租人负担。出租人请求承租人恢复原状或者赔偿损失的，人民法院应予支持。

第十四条 承租人经出租人同意扩建，但双方对扩建费用的处理没有约定的，人民法院按照下列情形分别处理：

（一）办理合法建设手续的，扩建造价费用由出租人负担；

（二）未办理合法建设手续的，扩建造价费用由双方按照过错分担。

第十五条 承租人经出租人同意将租赁房屋转租给第三人时，转租期限超过承租人剩余租赁期限的，人民法院应当认定超过部分的约定无效。但出租人与承租人另有约定的除外。

第十六条 出租人知道或者应当知道承租人转租，但在六个月内未提出异议，其以承租人未经同意为由请求解除合同或者认定转租合同无效的，人民法院不予支持。

因租赁合同产生的纠纷案件，人民法院可以通知次承租人作为第三人参加诉讼。

第十七条 因承租人拖欠租金，出租人请求解除合同时，次承租人请求代承租人支付欠付的租金和违约金以抗辩出租人合同解除权的,人民法院应予支持。但转租合同无效的除外。

次承租人代为支付的租金和违约金超出其应付的租金数额,可以折抵租金或者向承租人追偿。

第十八条 房屋租赁合同无效、履行期限届满或者解除,出租人请求负有腾房义务的次承租人支付逾期腾房占有使用费的,人民法院应予支持。

第十九条 承租人租赁房屋用于以个体工商户或者个人合伙方式从事经营活动,承租人在租赁期间死亡、宣告失踪或者宣告死亡,其共同经营人或者其他合伙人请求按照原租赁合同租赁该房屋的,人民法院应予支持。

第二十条 租赁房屋在租赁期间发生所有权变动,承租人请求房屋受让人继续履行原租赁合同的,人民法院应予支持。但租赁房屋具有下列情形或者当事人另有约定的除外:

(一)房屋在出租前已设立抵押权,因抵押权人实现抵押权发生所有权变动的;

(二)房屋在出租前已被人民法院依法查封的。

第二十一条 出租人出卖租赁房屋未在合理期限内通知承租人或者存在其他侵害承租人优先购买权情形,承租人请求出租人承担赔偿责任的,人民法院应予支持。但请求确认出租人与第三人签订的房屋买卖合同无效的,人民法院不予支持。

第二十二条 出租人与抵押权人协议折价、变卖租赁房屋偿还债务,应当在合理期限内通知承租人。承租人请求以同等条件优先购买房屋的,人民法院应予支持。

第二十三条 出租人委托拍卖人拍卖租赁房屋,应当在拍卖5日前通知承租人。承租人未参加拍卖的,人民法院应当认定承租人放弃优先购买权。

第二十四条 具有下列情形之一,承租人主张优先购买房屋的,人民法院不予支持:

(一)房屋共有人行使优先购买权的;

(二)出租人将房屋出卖给近亲属,包括配偶、父母、子女、兄弟姐妹、祖父母、外祖父母、孙子女、外孙子女的;

(三)出租人履行通知义务后,承租人在十五日内未明确表示购买的;

(四)第三人善意购买租赁房屋并已经办理登记手续的。

第二十五条 本解释施行前已经终审,本解释施行后当事人申请再审或者按照审判监督程序决定再审的案件,不适用本解释。

最高人民法院关于审理涉及国有土地使用权合同纠纷案件适用法律问题的解释

法释〔2005〕5号
最高人民法院公告

《最高人民法院关于审理涉及国有土地使用权合同纠纷案件适用法律问题的解释》已于2004年11月23日由最高人民法院审判委员会第1334次会议通过,现予公布,自2005年8月1日起施行。

二〇〇五年六月十八日

根据《中华人民共和国民法通则》、《中华人民共和国合同法》、《中华人民共和国土地管理法》、《中华人民共和国城市房地产管理法》等法律规定,结合民事审判实践,就审理涉及国有土地使用权合同纠纷案件适用法律的问题,制定本解释。

一、土地使用权出让合同纠纷

第一条 本解释所称的土地使用权出让合同,是指市、县人民政府土地管理部门作为出让方将国有土地使用权在一定年限内让与受让方,受让方支付土地使用权出让金的协议。

第二条 开发区管理委员会作为出让方与受让方订立的土地使用权出让合同,应当认定无效。

本解释实施前,开发区管理委员会作为出让方与受让方订立的土地使用权出让合同,起诉前经市、县人民政府土地管理部门追认的，可以认定合同有效。

第三条 经市、县人民政府批准同意以协议方式出让的土地使用权，土地使用权出让金低于订立合同时当地政府按照国家规定确定的最低价的，应当认定土地使用权出让合同约定的价格条款无效。

当事人请求按照订立合同时的市场评估价格交纳土地使用权出让金的，应予支持；受让方不同意按照市场评估价格补足，请求解除合同的，应予支持。因此造成的损失，由当事人按照过错承担责任。

第四条 土地使用权出让合同的出让方因未办理土地使用权出让批准手续而不能交付土地，受让方请求解除合同的，应予支持。

第五条 受让方经出让方和市、县人民政府城市规划行政主管部门同意，改变土地使用权出让合同约定的土地用途，当事人请求按照起诉时同种用途的土地出让金标准调整土地出让金的，应予支持。

第六条 受让方擅自改变土地使用权出让合同约定的土地用途，出让方请求解除合同的，应予支持。

二、土地使用权转让合同纠纷

第七条 本解释所称的土地使用权转让合同，是指土地使用权人作为转让方将出让土地使用权转让于受让方，受让方支付价款的协议。

第八条 土地使用权人作为转让方与受让方订立土地使用权转让合同后，当事人一方以双方之间未办理土地使用权变更登记手续为由，请求确认合同无效的，不予支持。

第九条 转让方未取得出让土地使用权证书与受让方订立合同转让土地使用权，起诉前转让方已经取得出让土地使用权证书或者有批准权的人民政府同意转让的，应当认定合同有效。

第十条　土地使用权人作为转让方就同一出让土地使用权订立数个转让合同，在转让合同有效的情况下，受让方均要求履行合同的，按照以下情形分别处理：

（一）已经办理土地使用权变更登记手续的受让方，请求转让方履行交付土地等合同义务的，应予支持；

（二）均未办理土地使用权变更登记手续，已先行合法占有投资开发土地的受让方请求转让方履行土地使用权变更登记等合同义务的，应予支持；

（三）均未办理土地使用权变更登记手续，又未合法占有投资开发土地，先行支付土地转让款的受让方请求转让方履行交付土地和办理土地使用权变更登记等合同义务的，应予支持；

（四）合同均未履行，依法成立在先的合同受让方请求履行合同的，应予支持。

未能取得土地使用权的受让方请求解除合同、赔偿损失的，按照《中华人民共和国合同法》的有关规定处理。

第十一条　土地使用权人未经有批准权的人民政府批准，与受让方订立合同转让划拨土地使用权的，应当认定合同无效。但起诉前经有批准权的人民政府批准办理土地使用权出让手续的，应当认定合同有效。

第十二条　土地使用权人与受让方订立合同转让划拨土地使用权，起诉前经有批准权的人民政府同意转让，并由受让方办理土地使用权出让手续的，土地使用权人与受让方订立的合同可以按照补偿性质的合同处理。

第十三条　土地使用权人与受让方订立合同转让划拨土地

使用权，起诉前经有批准权的人民政府决定不办理土地使用权出让手续，并将该划拨土地使用权直接划拨给受让方使用的，土地使用权人与受让方订立的合同可以按照补偿性质的合同处理。

三、合作开发房地产合同纠纷

第十四条 本解释所称的合作开发房地产合同，是指当事人订立的以提供出让土地使用权、资金等作为共同投资，共享利润、共担风险合作开发房地产为基本内容的协议。

第十五条 合作开发房地产合同的当事人一方具备房地产开发经营资质的，应当认定合同有效。

当事人双方均不具备房地产开发经营资质的，应当认定合同无效。但起诉前当事人一方已经取得房地产开发经营资质或者已依法合作成立具有房地产开发经营资质的房地产开发企业的，应当认定合同有效。

第十六条 土地使用权人未经有批准权的人民政府批准，以划拨土地使用权作为投资与他人订立合同合作开发房地产的，应当认定合同无效。但起诉前已经办理批准手续的，应当认定合同有效。

第十七条 投资数额超出合作开发房地产合同的约定，对增加的投资数额的承担比例，当事人协商不成的，按照当事人的过错确定；因不可归责于当事人的事由或者当事人的过错无法确定的，按照约定的投资比例确定；没有约定投资比例的，按照约定的利润分配比例确定。

第十八条 房屋实际建筑面积少于合作开发房地产合同的约定，对房屋实际建筑面积的分配比例，当事人协商不成的，按照当事人的过错确定；因不可归责于当事人的事由或者当事人过错无法确定的，按照约定的利润分配比例确定。

第十九条 在下列情形下,合作开发房地产合同的当事人请求分配房地产项目利益的,不予受理;已经受理的,驳回起诉:

(一)依法需经批准的房地产建设项目未经有批准权的人民政府主管部门批准;

(二)房地产建设项目未取得建设工程规划许可证;

(三)擅自变更建设工程规划。

因当事人隐瞒建设工程规划变更的事实所造成的损失,由当事人按照过错承担。

第二十条 房屋实际建筑面积超出规划建筑面积,经有批准权的人民政府主管部门批准后,当事人对超出部分的房屋分配比例协商不成的,按照约定的利润分配比例确定。对增加的投资数额的承担比例,当事人协商不成的,按照约定的投资比例确定;没有约定投资比例的,按照约定的利润分配比例确定。

第二十一条 当事人违反规划开发建设的房屋,被有批准权的人民政府主管部门认定为违法建筑责令拆除,当事人对损失承担协商不成的,按照当事人过错确定责任;过错无法确定的,按照约定的投资比例确定责任;没有约定投资比例的,按照约定的利润分配比例确定责任。

第二十二条 合作开发房地产合同约定仅以投资数额确定利润分配比例,当事人未足额交纳出资的,按照当事人的实际投资比例分配利润。

第二十三条 合作开发房地产合同的当事人要求将房屋预售款充抵投资参与利润分配的,不予支持。

第二十四条 合作开发房地产合同约定提供土地使用权的当事人不承担经营风险,只收取固定利益的,应当认定为土地使用权转让合同。

第二十五条 合作开发房地产合同约定提供资金的当事人不承担经营风险，只分配固定数量房屋的，应当认定为房屋买卖合同。

第二十六条 合作开发房地产合同约定提供资金的当事人不承担经营风险，只收取固定数额货币的，应当认定为借款合同。

第二十七条 合作开发房地产合同约定提供资金的当事人不承担经营风险，只以租赁或者其他形式使用房屋的，应当认定为房屋租赁合同。

四、其他

第二十八条 本解释自2005年8月1日起施行；施行后受理的第一审案件适用本解释。

本解释施行前最高人民法院发布的司法解释与本解释不一致的，以本解释为准。

最高人民法院关于审理金融资产管理公司利用外资处置不良债权案件涉及对外担保合同效力问题的通知

法发〔2010〕25号

各省、自治区、直辖市高级人民法院,解放军军事法院,新疆维吾尔自治区高级人民法院生产建设兵团分院:

为正确审理金融资产管理公司利用外资处置不良债权的案件,充分保护各方当事人的权益,经征求国家有关主管部门意见,现将利用外资处置不良债权涉及担保合同效力的有关问题通知如下,各级人民法院在审理本通知发布后尚未审结及新受理的案件时应遵照执行:

一、2005年1月1日之后金融资产管理公司利用外资处置不良债权,向外国投资者出售或转让不良资产,外国投资者受让债权之后向人民法院提起诉讼,要求债务人及担保人直接向其承担责任的案件,由于债权人变更为外国投资者,使得不良资产中含有的原国内性质的担保具有了对外担保的性质,该类担保有其自身的特性,国家有关主管部门对该类担保的审查采取较为宽松的政策。如果当事人提供证据证明依照《国家外汇管理局关于金融资产管理公司利用外资处置不良资产有关外汇管理问题的通知》(汇发〔2004〕119号)第六条规定,金融资产管理公司通知了原债权债务合同的担保人,外国投资者或其代理人在办理不良资产转让备案登记时提交的材料中注明了担保的具体情况,并经国家外汇管理局分局、管理部审核后办理不良资产备案登记的,人民法院不应以转让未经担保人同意或者未经国家有关主管部门批准或者登记为由认定担保合同无效。

二、外国投资者或其代理人办理不良资产转让备案登记时,向国家外汇管理局分局、管理部提交的材料中应逐笔列明担保的情况,未列明的,视为担保未予登记。当事人在一审法庭辩论终结前向国家外汇管理局分局、管理部补交了注明担保具体情况的不良资产备案材料的,人民法院不应以未经国家有关主管部门批准或者登记为由认定担保合同无效。

三、对于因 2005 年 1 月 1 日之前金融资产管理公司利用外资处置不良债权而产生的纠纷案件,如果当事人能够提供证据证明依照当时的规定办理了相关批准、登记手续的,人民法院不应以未经国家有关主管部门批准或者登记为由认定担保合同无效。

二〇一〇年七月一日

最高人民法院关于银行储蓄卡密码被泄露导致存款被他人骗取引起的储蓄合同纠纷应否作为民事案件受理问题的批复

法释〔2005〕7号

最高人民法院公告

《最高人民法院关于银行储蓄卡密码被泄露导致存款被他人骗取引起的储蓄合同纠纷应否作为民事案件受理问题的批复》已于2005年7月4日由最高人民法院审判委员会第1358次会议通过，现予公布，自2005年8月1日起施行。

二〇〇五年七月二十五日

四川省高级人民法院：

你院《关于存款人泄露银行储蓄卡密码导致存款被他人骗取引起的纠纷应否作为民事案件受理的请示》收悉。经研究，答复如下：

因银行储蓄卡密码被泄露，他人伪造银行储蓄卡骗取存款人银行存款，存款人依其与银行订立的储蓄合同提起民事诉讼的，人民法院应当依法受理。

此复。